*shards
of light*

—

*astillas
de luz*

*shards
of light*

*astillas
de luz*

*edited by
Olivia Maciel*

Tía Chucha Press, Chicago

Acknowledgments

Grateful acknowledgment is made for the following poems:

"Burra, Yo" and "Waterbird Medicine." From the forthcoming *I Ask the Impossible*. Copyright © 1998 by Ana Castillo. To be published in English. Reprinted by permission of Susan Bergholz Literary Services, New York. All rights reserved.

"Las Calandrias" by Carlos Cortez Koyokuikatl was previously published in *Red Dirt*, Boulder, Colorado. Reprinted by permission of the author.

"Monólogo de la niña que nunca," "Consejo de Gracia," and "La caricia más profunda" by Juana Goergen. In *La Sal de las Brujas*, Madrid: Editorial Betania, 1997. Reprinted by permission of the author.

"Silencios" by Olivia Maciel was previously published in *Abrapalabra*. Reprinted by permission of the author.

"Fish Heads" by Orlando Ricardo Menes was previously published in *Indiana Review*. Reprinted by permission of the author.

"The Stonebreaker's Daughter" by Orlando Ricardo Menes was previously published in *Negative Capability*. Reprinted by permission of the author.

"Markets, Alleys, & the Hounds of Hell," "Victory, Victoria, My Beautiful Whisper," and "Eva sitting on the curb with pen and paper before the torturers came to get her." From *Trochemoche* by Luis J. Rodríguez, Curbstone Press, 1998. By permission of the author.

"El Cielo Chiquito/The Small Sky" by Diana Solís was previously published in *Jackleg*. Reprinted by permission of the author.

"La mar en cortejo," "Paraíso," and "Venecianas" by Eduardo Urios-Aparicio. Spanish versions were previously published in *Fe de erratas*. English versions were previously published in *Lung*. Reprinted by permission of the author.

Printed in the United States of America

ISBN 1-882688-18-X

Library of Congress Catalog Card Number: 98-61145

Book design: Jane Brunette
Cover photo: Olivia Maciel
Project Manager: Mary K. Hawley

Published by:
Tia Chucha Press
A project of the Guild Complex
PO Box 476969
Chicago IL 60647

Distributed by:
Northwestern University Press
Chicago Distribution Center
11030 South Langley Avenue
Chicago IL 60628

Tia Chucha Press is supported by the National Endowment for the Arts, the Illinois Arts Council, City of Chicago Department of Cultural Affairs, The Chicago Community Foundation, and the Lila Wallace-Reader's Digest Fund.

Contenido / Table of Contents

Introducción

Universal, misteriosa, la poesía trasciende géneros, razas, nacionalidades. Establece un vínculo intangible a través del cual, lo implícito, es de todas maneras comprendido por el que escucha o lee el poema. Su material lo conforman la palabra y el silencio. Algunas veces sólo el silencio. . . . Por supuesto, la poesía existe en las artes plásticas, en la música, y en lo cotidiano de cada día, aún cuando no haya sido sustraída de su contexto.

Los poemas de esta antología han sido escritos por poetas que mantienen una conexión con el español, ya por ser su idioma natal, ya por herencia ancestral. Poetas residentes de Chicago; originarios de España, México, Argentina, Cuba, Chile, Puerto Rico, Honduras . . . poetas cuyos padres llegaron a este país de España o América Latina.

Creando nuevas palabras, reorganizando su orden, quebrando la sintaxis, los poemas de esta antología buscan reencontrar un punto de orígen, una esencia, independientemente de que el idioma en el que surgieron haya sido español o inglés. Esta percepción rige, hasta donde es posible, la selección de los poemas.

Lorca, Machado, Rimbaud, Verlaine, Sor Juana Inés de la Cruz; los poetas de la América precolombina (Netzahualcóyotl); los poetas de tierras lejanas (Sappho, Dante) viven a través de sus palabras. En Estados Unidos existen varios núcleos poéticos de cuya fuerza centrífuga surgen energía y luz. Ambito de uno de estos núcleos poéticos es la ciudad de Chicago.

El objetivo de esta antología no es el definir parámetros estéticos, sino involucrar a los lectores en el proceso eufórico que conlleva el descubrimiento de lo misterioso esencial, a través de la poesía.

—*Olivia Maciel*
julio, 1998

Nota sobre las traducciones: Cuando los autores no tradujeron sus poemas, las iniciales del traductor aparecen al final del poema. A continuación siguen los nombres de los traductores que contribuyeron a la antología: Gloria Dávila, Joel Felix, Mary K. Hawley, Olivia Maciel, and Manolo Rider-Sánchez.

Introduction

I CARRY THE NO THAT YOU GAVE ME
IN THE PALM OF MY HAND,
LIKE A LEMON OF WAX
ALMOST WHITE.
—FEDERICO GARCÍA LORCA

Universal, mysterious, poetry transcends gender, race, nationality. It is a sort of intangible bridge by which what remains unsaid is nevertheless understood by the one who hears or reads the poem. It is in most cases expressed with words and silence. . . . Sometimes just with silence. Of course, poetry exists within the visual arts, in music, and in everyday life, even when not abstracted from its context.

The poems in this anthology have been written by poets who maintain a connection with the Spanish language, whether it is their native tongue or their ancestral heritage. Poets who reside in Chicago, originally from Spain, Mexico, Argentina, Cuba, Chile, Puerto Rico, Honduras . . . poets whose parents arrived from Spain or Latin America.

Creating new words, rearranging their order, breaking syntax, the poems in this anthology seek a source point, an essence, whether the language of origin is Spanish or English. This quality has determined, where possible, the selection of the poems.

Lorca, Machado, Rimbaud, Verlain, Sor Juana Inés de la Cruz; poets of pre-Columbian America (Netzahualcóyotl); poets from distant lands (Sappho, Dante) live through their words. Living poets do the same. In the United States there now exist some poetic nuclei whose centrifugal forces give off energy and light. One of these poetic nuclei is the city of Chicago.

The intention of this anthology is not to define esthetic parameters, but to involve readers in the exhilarating process that accompanies the discovery of the mysterious essential, through poetry.

—Olivia Maciel
July, 1998

A note on the translations: when authors did not translate their own poems, the initials of the translator appear at the end of the poem. The following people translated the poems in this anthology: Gloria Dávila, Joel Felix, Mary K. Hawley, Olivia Maciel, and Manolo Rider-Sánchez.

Fin de año

PARA DAVID
(GRACIAS A TONI MORRISON Y
ZORA NEALE HURSTON)

Es mi Ajax que me ofrece una naranja
de sangre roja roja roja oscura y
dulce veo mi primera estrella fugaz
unos minutos antes del fin de un
año y el comienzo de otro pido un
deseo y me lo guardo secreto El cielo
en Door County es negro el camino
vacío Manejamos en silencio y los
altos pinos silban a nuestro alrededor
adornados con luces navideñas
brillando en la oscuridad como faros
que nos guían hacia nuestra nueva
vida *parece mentira* dice él
Es mi Tea Cake que me enseña música
y pintura me lleva a la orilla del mar y
al tope de la montaña sí, *parece mentira*
digo yo descascarando mi naranja de
sangre Las mariposas se escapan y
llenan todos los rincones de mi corazón
Incrédulos ante este nuevo amor somos
como niños felices rompiendo una piñata
que se abre y deja escapar caramelos y dulces
Agarramos un dulce dos los ojos
vendados confiados la risa nos rodea

New Year's Eve

FOR DAVID .
(WITH THANKS TO TONI MORRISON
AND ZORA NEALE HURSTON)

He is my Ajax who brings me
a blood orange red red dark
red and sweet I see my first
shooting star a few minutes
before the year ends and a new
one begins I make a wish keep
it secret The sky is black in Door
County the road empty We ride
silently while tall pine trees whiz
by festooned with Christmas lights
shining in the dark like beacons
guiding us towards our new life
too good to be true he says
He is my Tea Cake who teaches
me about music and painting
takes me to the seashore and
the mountaintop *yes, it's too
good to be true* I nod peeling
my blood orange Butterflies
escape filling every room of
my heart Incredulous at this
newfound love we are like
children swinging joyously at
a piñata that breaks open Sweet
candy falling everywhere We
catch one piece two blindfolded
trusting laughter all around us

Aquí no es Calcuta

En Houston, Texas un hombre
escocés golpea una puerta porque
está perdido. Una bala lo traspasa
a través de la puerta que nunca
se abre. En una calle de California
un estudiante japonés pide
información. Es asesinado. En un
departamento congelado de Chicago
diecinueve niños rodeados de cucarachas
se disputan huesos con los perros. El
presidente dice *Aquí no es Calcuta.*
Aquí es Chicago. ¿Cómo
puede pasar esto aquí?

Si yo fuera de Calcuta me sentiría
insultada. Señor Presidente le diría,
Señor Presidente todavía somos seres
humanos aquí. Sabemos ayudar a nuestros
semejantes cuando tienen hambre o
necesitan información. Compartimos, no
balaceamos. Compartimos, no balaceamos
primero y preguntamos después. Compartimos,
no balaceamos primero y preguntamos después
¿en qué puedo servirte mi hermano, mi hermana?

This Is Not Calcutta

A SEMI-FOUND POEM

A Scottish man knocks on a
Houston, Texas door because
he's lost. He's shot dead
through the door that never
opened. A Japanese student is
short in California when he
asks for directions. Nineteen
children are found surrounded
by roaches in a cold Chicago
apartment fighting with dogs
for bones to gnaw on. The president
says *This is not Calcutta.*
    This is Chicago. How can
    this happen here?

If I were a Calcuttan I'd
be insulted. Mr. President
I'd say, Mr. President we're
still human here. We help
our fellow human being when
he's lost or she's hungry. We
share, not shoot. We share, not
shoot first and ask later. We
share, not shoot first and ask
what can I do for you my brother
    my sister?

Burra, yo

Burra, yo.
Burra fea
burra flaca,
y floja.
Burra que sirve solo
para cargar
la mierda de este mundo.

      Burra, yo.

Burra—
Conténtate que tienes de comer,
que casi no te golpean,
y cuando sufres es por tu bien.
Así llegarás al cielo más pronto.

      Burra, tú.

¿Cuándo has visto una burra
con collar de perlas,
anillos de rubís y diamantes?
¡Qué cosa más ridicula!

      ¡Ay, burra, burra!

Lo tuyo es un saco de harpillera
zapatos de fierro,
y latigazos en abundo.
Acaso no lo sientes, cuero de burra.

      Cabeza de burra.

Y cuando duermes, solo sueñas
los sueños de burras.
Las burras son piedras con patas
sin imaginación.

Acéptalo de una vez y quizá
Dios te perdonará
por haber nacido tan

      Burra, burra.

Such an Ass

I'm such an ass.
Ugly ass,
skinny ass,
and lazy.
Only good
for carrying
the shit of this world.

       I'm such an ass.

Ass—
Be glad you have food,
that they hardly ever beat you,
and when you suffer it's for your own good.
That way you'll get to heaven faster.

       You're such an ass.

When have you ever seen an ass
with a pearl necklace,
rings of rubies and diamonds?
How ridiculous!

       Such an ass!

What you get is a burlap sack,
iron shoes,
and plenty of whippings.
Maybe you don't feel them, ass hide.

       Ass head.

And when you sleep, you only dream
the dreams of an ass.
Asses are rocks with legs
without imagination.

Accept it once and for all and perhaps
God will forgive you
for having been born such

       an ass, an ass.

M.K.H.

Medicina Pájaro Acuático

Hay peyote en mi sangre
me lo dijo mi hermano, el que
me hizo un regalo
del pájaro acuático de plata y zafiro al amanecer.

Por un tiempo inmesurable, fuego—
serpientes de zafiro, oro, y ámbar
vueltas ceniza, arrasadas en la forma
de un pájaro acuático—era vida.
Ahí, yo nos vi a nosotros:
la manera como somos juntos,
fuego,
vida,
un pájaro acuático de ceniza sagrada.

Se pasaron el bastón, la calabaza y el tambor
y cada cantante gritó más que cantó
sus plegarias.
Pero las mías no se cantaron.
Yo me bebí mis plegarias,
saboreándolas bajo mi lengua,
una pasta ácrida de mesquite.

Pájaro acuático—más dulce que las frambuesas y
la carne seca que se pasaron alrededor cuando la luz prorrumpió al fin,
fuego,
agua,
aire de la mañana en Sangre de Cristo—
deslizándose sobre Blue Lake,
lleva mi única plegaria: Soy plata y zafiro:
       una mujer encendida—
       y de más valor que la piedra.
       Traéme a mi amante pronto.
       Ho!

O.M.

Waterbird Medicine

Peyote is in my blood
my brother told me, the one
who made me a gift
of a silver and sapphire waterbird at dawn.

For immeasurable time, fire—
sapphire, gold, and amber snakes
turned to ash, swept into the shape
of a waterbird—was life.
There, I saw us:
the way we are together,
fire,
life,
a waterbird of holy ash.

Staff, gourd and drum were passed,
and each singer cried more than sang
his prayers.
But mine were not sung.
I drank my prayers,
tasted them beneath my tongue,
an acrid paste of mesquite.

Waterbird—sweeter than the wildberries and
dried beef passed 'round when light broke at last,
fire,
water,
Sangre de Cristo morning air—
gliding over Blue Lake,
carry my sole prayer: I am silver and sapphire:
      a woman on fire—
      and more worthy than stone.
      Bring my lover to me soon.
      Ho!

Las Calandrias

En la plazuela de El Paso
Los árboles están cargados
De fruta que trina.

De vez en cuando
Toda esta fruta que canta
explota hacia el cielo

A cargar aún otro árbol más.

O.M.

Las Calandrias

In the plazuela in El Paso
The trees are loaded
With warbling fruit.

Every now and then
All this singing fruit
Explodes into the sky

To load down yet another tree.

Hermanas bajo el hormigón

Nunca he estado en las calles de Praga
Pero sé que nuestras ciudades son hermanas;
Nunca he visto tanques soviéticos en las calles de Praga
Pero he visto tanques de la Guardia Nacional en las calles de Chicago.
No he presenciado las cabezas de la gente joven
siendo aplastadas en las calles de Praga
Pero he presenciado las cabezas de la gente joven y mayor
siendo aporreadas en las calles de Chicago
Y he saboreado el gusto desagradable del gas lacrimógeno
¡Nuestras ciudades son hermanas!

Cuando los palos de la represión caen sobre las cabezas
De los buscadores de la libertad,
Ya sea en Praga, Chicago, Soweto,
Warsaw, Beijing, o Tlatelolco,
No me cabe la menor duda que:
¡Todas las ciudades son hermanas!

Cada vez que la gente sale en defensa
De lo que la justicia es para ellos
Y las fuerzas de la represión
Tratan de ahogar sus voces,
Toda la gente es hermana
Y las ciudades donde viven
¡Son realmente hermanas!

Hace dos generaciones cuando las fuerzas de la represión
Aniquilaron la ciudad de Lidice
Enterrando todos los vestigios bajo la tierra eslava buena,
Pensando con tal hazaña
Que a Lidice se la enterraría para siempre
Pero Lidice surgió de nuevo
En las calles de Praga
Y en las calles de Chicago—
Sí—en las calles de Tlatelolco y Beijing;
En calles demasiado numerosas para mencionar
Donde perduran ya las manchas de sangre de esos sin nombre

Sisters Beneath the Concrete

I have never been on the streets of Prague
But I know our cities are sisters;
I have never seen Soviet tanks on the streets of Prague
But I have seen National Guard tanks on Chicago streets.
I have not witnessed the heads of young people
Being crushed on the streets of Prague
But I have witnessed the heads of young people and old
Being clubbed on the streets of Chicago
And I have savored the unpleasant flavor of tear gas
On my palate and there is no doubt in my mind that
Our cities are sisters!

When the clubs of repression come down on the heads
Of freedom-seekers,
Be it in Prague, Chicago, Soweto,
Warsaw, Beijing or Tlatelolco,
There is no doubt in my mind:
All cities are sisters!

Whenever people stand up
For what is justice to them
And forces of repression
Seek to throttle their voices,
All people are each other's brothers and sisters
And the cities where they live
Are indeed sisters!

Two generations ago when forces of repression
Wiped out the town of Lidice
Bulldozing all traces beneath the good Slavic soil,
Thinking by such a deed
That Lidice would forever be interred
But Lidice rose again
On the streets of Prague
And on the streets of Chicago—
Yes—on the streets of Tlatelolco and Beijing;
On streets too numerous to mention

Pero no olvidados
Quienes han enviado a sus opresores
Al olvido final
¡Lo tienen tan bien merecido!

La geografía no es sino una crónica de distancias
Y la nación no es sino una palabra;
Las diferencias de raza y lengua
No son sino condimentos deleitosos
¡De una comida bien hecha!

Praha—Chicago—
Hermanas en espíritu y en carne,
¡Ojalá tú y tus otras hermanas
Permanezcan como monumentos
A las locuras y esperanzas
De nuestra especie!

M.R.S.

Where linger yet the bloodstains of those nameless
But unforgotten ones
Who have consigned their oppressors
To the eventual oblivion
They so richly deserve!

Geography is but a chronicle of distances
And nation is but a word;
The differences of skin and tongue
Are but delectable condiments
Of a well-cooked repast!

Praha—Chicago—
Sisters in spirit and in flesh,
May you and all your other sisters
Stand forever as monuments
To the follies and hopes
Of our kind!

Tenochtitlán

Tenochtitlán,
Hace mucho tiempo en que no te vi;
Mucho tiempo de no caminar en tus calles;
Mucho tiempo que no me emborrachó tu altitud.

Tenochtitlán,
Reina de ciudades,
Sobreviviente de volcanes y terremotos y pestilencias y invasores
Y tus milenarios;

Tenochtitlán,
La última vez que te vi
Era posible de ver Ixtapopo desde el corazón de tus calles,
Pero ya me dicen esto es nada más posible.
¡Ya no puede ver las Montañas!
Bajo tu cielo de noche alumbrada pa' las estrellas
En la Tenampa 'onde tus Mariachis picaban mis tripas
Con tu música y tus canciones
Ya me dicen que las estrellas ya no brillan en tu cielo.
¡No me digas! que la atmósfera del cabrón Chicago
Sea más limpia que la tuya!

Tenochtitlán,
Virgencita callejera de mi corazón
'Onde tu tequila y tu mezcal y tu cerveza y tu pulque
Con tus condenados dos mil metros
Hacen chorizo con mis sesos y hacen sopitas con mis piernas;
¡Quiero verte otra vez!
Quiero caminar otra vez en tus calles y tus mercados y tus parques;
Quiero ver otra vez tus museos y tus galerías
Cuyos testigan a la riqueza y la inmensidad
De la historia y la cultura de nuestra Raza;
Quiero ver a tus vendedores en tus calles cuyos ofrezcan cualquier cosa
De gusanos fritos o billetes de lotería.

No tengo miedo de tus veinte millones de habitantes;
Quiero ver a ellos también;

Tenochtitlán

Tenochtitlán,
It has been so long that I have not seen you;
So long that I have not walked your streets;
So long that I have not been intoxicated by your altitude.

Tenochtitlán,
Queen of cities,
Survivor of volcanoes, earthquakes, pestilences, invasions
And your milleniums;

Tenochtitlán,
The last time I saw you
The volcanoes could be seen from deep within your streets,
But now I am told that is no longer possible,
The Mountains can no longer be seen!
Beneath your starlit night sky
In Garibaldi Plaza where your mariachis
Gnawed away at my heart with your music and songs,
I am now told the stars no longer shine.
Don't tell me that Chicago's air is cleaner than yours!

Tenochtitlán,
Virgin streetwalker of my soul,
Where your tequila, your mezcal, your cerveza, your pulque
along with your goddamn seven thousand feet
Grind my brains into sausage and cook my legs into macaroni;
I want to to see you again!
I want to walk again in your streets and your markets and your parks;
I want to see again your museums and your galleries
That bear testimony to the wealth and immensity
Of the history and the culture of our Race!
I want to see your street vendors who will hustle anything
From fried cactus worms to lottery tickets.

I am not afraid of your twenty million inhabitants;
I want to see them too;

Quiero ver la evidencia de nuestros doscientos siglos.
A todo quiero ver.

Pero . . . .
Además . . . .
Quiero ver las estrellas,
Y . . . .
¡Quiero ver las Montañas!

I want to see the evidence of our two hundred centuries.
I want to see everything.

But . . . .
Also . . . .
I want to see the stars,
And . . . .
I want to see the Mountains!

Recuerdos for those of the first wave

Wakan Tanka
took three
to the other side
of this terrestrial dream,
I wonder if they write poems
inside the inextinguishable light.

I speak of El Paso's Ricardo Sánchez,
whose cantos y gritos leapt Tewa adobes to Alaska
Until reaching España's Pyrenees, Paris, and back to America
shaking pages and stages in bilingual splendor,
at nuestro Floricantos y Canto al Pueblo
he'd celebrate the prowl of vast space between heaven and el barrio.

I speak of San Antonio's José Montalvo
bato with dark volcanic eyes, wild wit,
dressed in black boots and cowboy brim,
Montalvo, who poetically refused to doff hat
to the "nobly slain" at Alamo's shrine,
controversial as a nudist at a mosque,
"¡A mí qué!" pues a ti qué poet-chronicler
tan listo to join in chistoso
repartée with raza writers of all ages,
to rattle gringo literary and social cages.

I speak of Laredo's rebel Raimundo "Tigre"
Pérez's revolt against border-born invisibility,
launching books in English, Spanish, and German.
Ya' man, you heard right, Tigre's audiences became
international as he tirelessly forged links
with all indigenous humanity. Today he might say,
"I'll belong to the wind's reading . . ."
since he's slipped into death's secret lair.

I speak of these Chicanos so they won't be forgetten,
who embraced each other as compadres, compañeros,
y carnales del movimiento writing libros
leaving the trail of Aztlán's first wave.

You might see them one night within the opal-bright
metztli, luna, moon-filled sky,
where no one forgets indio rights, obreros en huelga,
chota contra chucos, or amigos llorando for one another,
during life's short dream.

The ninth level of death

Can Chicanos lay claim to our own
Homer, Milton, or a bleary-eyed Baudelaire
in the time we've been here?

Pues wáchale, what are we to think
cuando Ricardo Sánchez el Poeta Highly Developed
was linked to these *immortals* by scholar
Philip D. Ortego way back in
his introduction to Sánchez's
Canto y Grito mi Liberación.

I'd imagine a Spanglish William Blake
Tigre Tigre, burning bright,
en las selvas of the night;
que immortal ojo or mano
could frame el coraje
del Chicano?

I first read him during the anchor seventies,
Sánchez explored life after Soledad pinto pains,
was he like the young sunburnt mustache chuco
sly guy on the cover of his first book,
con ojos grifa cooked y tan copete,
tattoos hidden under a pointed turned up collar
in ruddy camisa, fully aware his
turbulent years
were not over,
especially when he declared—
". . . *we shall create our own Chicano society*
y si no le guesta al gringo, pues—"

finding such a claim
aquí en friolandia Chicago
far from the border
era un milagro
that wouldn't be repeated
until en aquellos tiempos

los southwest and midwest
cultural militantes
created Cantos al Pueblo
con indio-mestizo-artists
in Milwaukee,
Corpus Christi,
St. Paul, Phoenix,
and lastly Chicago—
where it became clear
millions of people
had not heard our collective
cantos ni llantos,
nor ever read a word of Ricardo's
hefty *Hechizospells*
nor slim *Milhuas Blues and
Gritos Norteños*.

I've realized with Ricardo's passing
we still have his fine libros
ready to be mined
of their potent poetic ore
like that in cinco puntos' veins
Eagle-visioned/Feathered Adobes,
or Chicago's Tía Chucha,
who for the love of Ricardo
will carry into the next century
this real human treasure.

Triada

I. *Inoportuna*

Y tenía que ser precisamente
a las tres menos quince minutos.

No pudo haber sido más temprano
o más tarde ni ayer ni pasado mañana.
Justo a las tres menos quince minutos,
recordé la incandescencia de tus ojos:
torrentes de luz que emanan del crepúsculo.

Desde entonces tanteo en la oscuridad.

A las tres menos quince minutos,
ni un segundo más ni uno menos:
inoportuna y puntual como la muerte.

II. *Visita*

Irrumpes en la plenitud de la tarde
con el ritmo caótico del trueno.
La luz se desvanece entre tus sombras.
Envuelta en remolinos de hojarasca,
avanzas con tumultuoso fragor
de ángeles en desbandada.
Vienes a saciarte de tinieblas,
a inmolarme a fuego lento.

Prófugos de la luz nos ocultamos
en el resplandor hiriente de las tumbas,
rodeados de estatuas que nos imploran
demoler su grotesca inmovilidad
con el veneno implacable del delirio.
Nos anclamos al fondo de un abismo
con la desesperación del náufrago
que divisa por vez última la tierra.

Triad

I. *Untimely*

And it had to be precisely
at a quarter to three.

It couldn't have been earlier
or later or yesterday or the day after tomorrow.
At exactly a quarter to three
I remembered the incandescence of your eyes:
torrents of light that emanate from the dusk.

Since then I feel my way through darkness.

At a quarter to three,
not one second more or one less:
untimely and punctual as death.

II. *Visit*

You invade the fullness of an afternoon
with the chaotic rhythm of thunder.
Light disappears in your shadows.
Wrapped in whirlwinds of dead leaves,
you advance with the noisy tumult
of deserting angels.
You come to gorge yourself on darkness,
to immolate me over a slow fire.

Fugitives from light, we hide ourselves
in the wounding brilliance of the tombs,
surrounded by statues that beg us
to destroy their grotesque immobility
with the relentless poison of delirium.
We anchor ourselves at the bottom of an abyss
with the desperation of a shipwrecked man
who sights land for the last time.

Te extiendes sobre mi cuerpo como
el copal anega las naves de una iglesia.
Abrevo en tu caudal el vértigo de un río
que desciende entre árboles sedientos.
Te consume mi sangre más profunda.
Y en el paroxismo del vuelo,
te absuelvo al tiempo que me das la paz eterna.

Descendemos agonizantes
y en un instante cruel vislumbramos
lo que pudimos ser y no seremos:
el amor que nos unió . . . jamás y siempre.

III. *Réquiem*

Lárgate de una vez y para siempre de mi pensamiento.
No quiero volver a encontrarte en la espesura.
Estoy harto de verte rondar la aureola del eclipse.
No sondees más los escombros que oculta mi silencio.
Deja de herir mi sueño con tu algarabía de fantasmas.

No soporto más que tu sombra me guíe hacia tu cuerpo
para consumirte con la insaciable tenacidad del tiempo.
Fatigado estoy de aspirar tu olor a lluvia eterna.
Vuelve a tu ciudad donde millones se asfixian
bajo las alas yermas del águila que cae.

Cansado estoy de encontrarte
            en el reverso intacto del destino,
            en la danza voluptuosa de mil cirios,
            en los ojos arrepentidos del suicida,
            en la eclosión exuberante de un milagro,
            en la distancia abismal que te aproxima.

Para olvidarte
invoco los acordes nocturnos de este réquiem
que he escrito a tu memoria.

You stretch yourself over my body
like copal flooding the nave of a church.
In your current I drench the vertigo of a river
that winds among thirsting trees.
My most profound blood consumes you.
And in the paroxysms of flight,
I absolve you as you grant me eternal peace.

Dying, we descend
and in a cruel instant catch a glimpse
of what we could have been and will not be:
the love that joined us . . . never and always.

III. *Requiem*

Be gone from my thoughts once and for all.
I don't want to meet you again in the underbrush.
I'm weary of seeing you circle the halo of the eclipse.
Probe no further in the debris I hide with silence.
Stop ruining my sleep with your chatter about phantasms.

I will no longer let your shadow guide me to your body
to consume you with the insatiable tenacity of time.
I am tired of breathing your scent of perpetual rain.
Go back to your city where millions asphyxiate themselves
under the barren wings of a falling eagle.

I am tired of finding you
            on the other side of destiny,
            in the voluptuous dance of a thousand candles,
            in the repentant eyes of a suicide,
            in the exuberant eclosion of a miracle,
            in the abysmal distance that draws you closer.

To forget you
I invoke the nocturnal chords of this requiem
written in your memory.

                                                    M.K.H.

■ *Alejandro Escalona*

Comunión de palabra e imagen

A MIS COLEGAS

Y después de todo,
¿para qué sirve un periódico?

Entre otros usos indispensables,
para envolver pescado;
para lustrar los zapatos
sin manchar el piso;
para olvidar la tragedia propia
leyendo sobre las ajenas;
para empacar hasta el alma;
para cubrir al muerto
cuando no se tiene
una sábana a la mano;
para usarlo como sábana
cuando no se tiene
en qué caerse muerto;
para encender fogatas;
para evitar la mirada
del pasajero de enfrente;
en casos extremos
a falta de papel higiénico;
y, sobre todo,
para viajar al otro lado del mundo
con tan sólo dar vuelta a la página.

Y entonces, ¿para qué tantos afanes?
Para que un desconocido abra las páginas
y vea su rostro reflejado.

Communion of Word and Image

TO MY COLLEAGUES

And in the end,
what good is a newspaper?

Among other useful purposes,
it serves to wrap fish;
to shine shoes
without staining the floor;
to forget one's own tragedy
reading about distant ones;
to pack up the soul;
to cover the dead
when no sheet is handy;
to use as a sheet
when one has no place
to fall down dead tired;
to start bonfires;
to avoid the gaze
of the passenger facing you;
to use in extreme cases
when toilet paper is lacking;
and, above all,
to travel to the other side of the world
by merely turning a page.

So then, why so much work?
So that an unknown person opens its pages
and sees his own face reflected.

M.K.H.

Monólogo de la niña que nunca

Desalojada
quizá
y quizás
en el suave territorio interior
me desangro
en el reverso del centro azul
donde sobra el espacio
por lo que pudo ser
y él
que me esperaba
va buscando en el envés de la palabra
mil razones
razones que se rompen
ante este sordo azul
de magnolia sin ojos
que se va
desnuda
ensangrentada
recién salidos entre la sal terrible
mis párpados de estrella
y ella
que me esperaba
mordiéndose el dolor
reuniendo sílabas
por la fruta dormida
que le desflora el nombre
y yo
toda reunida en nada
como el temblor de lluvia
de un sollozo
que en el quiebre del sueño
se resbala.

Juana Goergen

Monologue of the Girl Who Never

Expelled
perhaps
and perhaps
in the soft interior territory
I bleed
on the flip side of the blue center
where there is too much space
because of what could have been
and he
who was waiting for me
searches on the wrong side of the word
for a thousand reasons
reasons shattered
by this deaf blue
of magnolia without eyes
that goes away
naked
and bloody
the stars of my eyelids recently sprung
from the terrible salt
and she
who was waiting for me
biting back the pain
gathering syllables
for the sleeping fruit
that deflowers her name
and I
gathered up in nothing
like the tremor of rain
of a sob
that slips
on the broken edge of sleep.

M.K.H.

Consejo de Gracia

A ELLA QUE SOMOS TODAS

9 agujas
enhebradas
en los pliegues de mi ombligo
arrancándome a trechos la piel
alcanzándome la muerte
sin decir palabra
por ser
mujer honrada
sin haber conocido más hombre
que mi marido.
9 puntadas
levantando en la bandera del asalto
el deseo de aventura de los hombres
cortándome las alas con fiereza
sin sacudirme la emoción
por ello
no tuve nunca Francia
sólo esta luz
dando gracias por el fuego
a 9 cuentos en contra
queriendo sanar mi intento
de mujer
industrializada en el dolor
de 9 ombligos
santigüados
para espantar el empacho.

Advice of Grace

9 needles
threaded
in the folds of my belly
ripping out my skin at intervals
bringing death within my reach
without a word
for being
an honorable woman
knowing no other man
but my husband.
9 stitches
raising men's love for adventure
on an assault flag
savagely clipping my wings
without beating emotion out of me
for that
I never had France
only this light
giving thanks for fire
to 9 stories in opposition
wanting to heal my intent
as woman
industrialized in the pain
of 9 bellies
blessed with the sign of the cross
to frighten off indigestion.

M.K.H.

Juana Goergen

La caricia más profunda

A CHRISTIÁN, SIEMPRE

a veces
en la torre de Babel
nos encontramos
vamos de lengua en lenguas
cabalgándonos
y erizada en palabras
yo quisiera tener dos corazones
"Dein ist mein Herz"
la piel a prueba de balas
de caricias de mujer
que está por verse
"Ti penso alora ti penso"
medularmente isleña
creyendo a pies juntillas
en la estabilidad del aire
dándole la razón a Federico
"I can't live without you"
de cuerpo entero
de mujer que despertó
partida en dos
fuera del útero
de la tierra natal
y del planeta
para encontrarte a ti
de lengua en lenguas.

The Deepest Caress

TO CHRISTIÁN, ALWAYS

at times
on the tower of Babel
we meet
we go from tongue to tongue
riding each other
and bristling with words
I would like to have two hearts
"Dein ist mein Herz"
with skin resistant to bullets
to the caresses of a woman
about to appear
"Ti penso alora ti penso"
an islander to the bone
believing in feet pressed together
in the stability of air
admitting Federico was right
"I can't live without you"
to the whole body
of a woman who awoke
divided in two
outside the womb
of her native land
and of the planet
in order to meet you
from tongue to tongue.

M.K.H.

Masica

Cuando la llamas,
el deseo en su pecho
se mueve hacia una flor.
Cuando la visitas,
no hay retorno.

Masica de la boca.
Masica de la mente sagrada.
Masica del ceño reconocido.

Cuando toca el piano,
el bosque se aclara.
Ella se queda allí esperando.
Hay un brazo y una pierna,
una cara para hervirse en el sol.

Masica del negro maiz.
Masica de la máscara errada.
Masica del chal doblado en las manos.

Cuando te deja,
no sabes cómo hablar.
Cuando te anhela,
una anciana surge de tu muslo.

M.R.S.

Ray González

Masica

When you call her,
the ambition in her breast
moves toward flower.
When you visit her,
there is no going back.

Masica of the mouth.
Masica of the sacred reason.
Masica of the accepted frown.

When the piano plays,
the forest is cleared.
She stands there waiting.
There is an arm and leg,
a face to seethe into the sun.

Masica of the black corn.
Masica of the mistaken mask.
Masica of the shawl twisted in the hands.

When she leaves you alone,
you don't know how to speak.
When she longs for you,
an old woman comes out of your thigh.

Roberto recuerda al abuelo fallecido

No cree en el diablo.
Dice que la punzante zarpa en la muñeca
es la pesadilla equivocada.
No cree en Dios.
Dice que el hombre sobre nosotros
es un pájaro que voló muy alto,
atrapado como un ángel ebrio
eso es lo que él cree.

Le tiene sin cuidado el que a mí me importe,
dice que el viejo río de casa
se secó hace tiempo, me dice
que deje de creer en agua que fluye.
No tiene razón para enseñarme
refunfuños y gruñidos
de un círculo secreto.
Sacude la cabeza cuando
lo invito a casa,
me dice que nadie desea comer
en compañía de alquien que dejó de comer hace tiempo.

Cuando se levanta para irse dice,
"Siempre escribe sobre papel blanco.
Nunca dejes de escuchar la guitarra.
Habla y piensa en inglés.
Esconde tu español y los harás
creer que no queda ninguno de nosotros,
todos locos y sin lengua".

O.M.

Roberto Recalls His Dead Grandfather

He does not believe in the devil.
He tells me the claw biting into my wrist
is the wrong nightmare to have.
He does not believe in God.
He says the man above us
is a bird who flew too high,
trapped like a drunk angel
he believes in.

He does not care that I care,
says the old river of home
dried long ago, tells me
to quit believing in water that flows.
He has no reason to teach me
mutterings and grunts
of a secret circle.
He shakes his head when
I invite him home,
tells me no one wants to have dinner
with someone who quit eating long ago.

As he rises to leave he says,
"*Always write on white paper.*
Never stop listening to the guitar.
Speak and think in English.
Hide your Spanish and you will
fool them into thinking we are all gone,
all crazy and have no tongue."

David Hernández

Un Buqué de Flores

PARA LA BATYA

Especifically for you/Solamente para ti
I will climb the tallest tree
so the whole world can see
The Perfection that you are
Solamente para ti
Especifically for you
Solamente para ti.

      Solamente para ti/Especifically for you
      I will organize a fiesta
      I will run for presidente
      I will talk to all the gente
      holiday with morning sun
      eating chunks of watermelon
      green and pink and juicy sweet
      people dancing on the street
      gather all around your feet
      Especifically for you/Solamente para ti!

Especifically for you/Solamente para ti
I will make the city pretty
I will take the subway trains
string them up in schoolyard games
big old buildings, all the statues
lakes & parks & taxi cabs
prom night songs all night long
steel-beam dreams in touch with God
fresh green weeds in empty lots
city life under blue sky
all the glitter-glitzy shows
after-morning whisper sweet
I will lay them at your feet
Solamente para ti/Especifically for you/Solamente para ti!

Especifically for you/Solamente para ti
I will get into a dieta
I will get so thin/flaquito
kissing you con un besito
sentirás all my huesitos
I will give you castle burgers
y un beef al italiano
arroz/gandul, café cubano
sushi bar, caesar salad
chicken taco y quesadillas
green banana con morsilla
soul food plate, lox n' bagel
yogurt ice cream on your table
Solamente para ti/Especifically for you!

David Hernández

Mientra camino calle abajo algunas personas piensan mal de mí

De camino a la ceremonia de entrega de premios
donde yo iba a ser homenajeado por el
gobernador con un premio de poesía;
la policía de repente se paró a mi lado,
me tiró contra el coche, me cacheó
y dejó que me fuera después de confirmar que
no era un carterista que trabajaba en
la comunidad de Lincoln Park.

       De camino a la ceremonia de entrega de premios
       donde yo iba a ser homenajeado por el
       gobernador con un premio de poesía;
       algunos aficionados de los Cubs
       que conducían junto al Wrigley Field
       instintivamente subieron sus ventanillas
       del coche cuando me vieron venir
       aunque crecí en ese barrio,
       un grupo de turistas que caminaban
       por delante de mí miraban hacia atrás
       con recelo, un camarero me miró enojado
       por la ventana elegante y poco iluminada
       de un restaurante,
       otra pareja me evitó
       cruzando la calle,
       y una joven que volvía de
       su clase de autodefensa me echó una mirada
       y rápidamente buscó su bote de gas lacrimógeno
       así que esta vez yo crucé la calle.

Pero ¿qué más da?
Yo me sentía feliz
de camino a la ceremonia de entrega de premios
donde yo iba a ser homenajeado por el
gobernador con un premio de poesía.

M.R.S.

David Hernández

As I Walk Down the Street Some People Think Me Bad

On my way to the awards ceremony
where I was to be honored by the
governor with a poetry award;
the police suddenly pulled over,
threw me against the car, frisked me
and let me go after confirming that
I was not a pickpocket working the
Lincoln Park community.

> On my way to the awards ceremony
> where I was to be honored by the
> governor with a poetry award;
> some Cub fans driving by Wrigley Field
> instinctively rolled up their
> car windows when they saw me coming
> even though I grew up in the area,
> a group of tourists who walked
> ahead of me kept nervously looking
> back in fear,
> a waiter angrily glared at me
> through a fancy low-lit
> restaurant window,
> another couple avoided me
> by crossing the street,
> and a young woman returning from
> her self-defense class took one look
> at me and quickly went for her can of mace
> so I crossed the street instead.

But who cares?
I felt blessed
on my way to the awards ceremony
where I was to be honored by the
governor with a poetry award.

Monterrey-Chicago

muchas cosas no sé
me ignoro los pasos
ando a tumbos al contrario de la gente
tropezándome con las alas de sábana
me repito
no digo nada
a cada paso me devuelvo por mi sombra
y mi sombra me persigue como un perro
bruñéndome las palabras
y digo nada de nuevo
me han cerrado el zipper
y la orinadera ésta es infinita
perra ciudad
a calles me conquista
y a calles me abandona
perra ciudad parece perseguirme
morelos washington hidalgo jefferson
recorren mis días buscando al otro que soy y que
se ha ido
como una cerveza mareada
con los ojos cerrados y los oídos sangrantes
qué más señores
soy bandera de mí mismo
la luz se reúne en mi cabeza para buscar abrigo
a instantes el lago y el cerro de la silla me miran
como mujeres con sueño y raíces
a cuadras los ángeles caídos paren una casa
humeante
y entre el polvo de la obra sudan ríen gritan
trabajan como si fuesen a algún lado con certeza
el sol les cae en la espalda
y lo cargan como un cadáver que habrán de
olvidar con el alcohol
bailando juntos, con los ojos cerrados por el miedo
y mangas de prestidigitador
y a cuadras también se cae la tarde como salida de
la cantina de la esquina

Jorge Hernández

Monterrey-Chicago

many things I don't know
ignorant of my steps
I stumble against people
bumping into the wings of the bedsheet
I repeat
I say nothing
with each step I return for my shadow
and my shadow follows me like a dog
polishing my words
and I say nothing again
they have zipped me up
and this pissing is infinite
bitch city
conquers me by streets
and by streets abandons me
bitch city seems to follow me
morelos washington hidalgo jefferson
run through my days looking for the other that I am and that
has left
like a drunken beer
with closed eyes and bleeding ears
what more gentlemen
I am my own flag
light gathers in my head seeking shelter
at moments the lake and the hill of the chair look at me
like sleepy women and roots
blocks away fallen angels give birth to a steaming
house
and amid the workdust they sweat laugh shout
they work as if they were going somewhere with certainty
the sun falls on their backs
and they bear it like a corpse they'll have to
forget with alcohol
dancing together, eyes closed by fear
and the sleeves of a magician
and blocks away the afternoon falls like the exit from
the corner bar

pidiendo paz y sueño
y un descanso para la piel que no alcanza a
sostener el bochorno de agosto
pero el calor no para allí,
toma la noche y la carne
para hacerse cumbia, salsa, merengue
gallinita, jugo de melón, tongoneo
y sobre la pista recorro mi hilo de luz
con este harapo de sonido por nombre
bailo en dos tiempos mi palabra
y aquí y allá los recuerdos
se alzan
como una enredadera que
estrangula al
árbol
y soy el árbol
y la enredadera
y a calles me conquisto
y a calles me abandono
y a calles mi ajedrez se pasa los semáforos en rojo
y la luz me dice adiós desde el pasado
soy república de mí
luz izada
y el aire me cruza entre las piernas

asking for peace and sleep
and a rest for the skin that cannot
sustain the hot August breeze
but the heat doesn't stop there,
it takes the night and the flesh
to make cumbia, salsa, merengue
gallinita, jugo de melón, tongoneo,
and along the dance floor I run my thread of light
with this rag of sound by name
I dance in two tempos my word
and here and there memories
are raised
like a climbing vine that
strangles
the tree
and I am the tree
and the vine
and by streets I conquer myself
and by streets I abandon myself
and by streets my chess set runs the red lights
and the light bids me goodbye from the past
I am the republic of me
raised light
and air flows between my legs

                                        M.K.H.

Jorge Hernández

Homeless

A SANDRA CISNEROS

los años se calzan
un zapato sin medida
una bota de piel humana
y la atan con historias de odio

sin calcetines
las ampollas plagan
la tersura de los días

señor tiempo, ¿no le duelen?
¿no se cansa?
¿no se le acaba la suela?

ay señor tiempo
si fuera tan amable
de regalarme sus chanclitas

Jorge Hernández

Homeless

TO SANDRA CISNEROS

the years wear
an unsized shoe
a boot of human skin
and they tie it with histories of hate

without socks
blisters plague
the smooth passing of days

mr. time, don't they hurt you?
aren't you tired?
aren't your soles wearing thin?

oh mr. time
if you would be so kind
as to give me your little sandals

M.K.H.

Credo de la esclava

Creo en dios como un detergente que me entrega
limpia a quien me quiera usar.
Creo en la santísima trinidad (agua, cloro, jabón)
de inmaculada inseparabilidad.
Creo en el trabajo duro como en cristo, en
levantarme de madrugada como en el evangelio.
Creo en el amo y rezo en español, sabiendo que
Changó de todos modos me entiende.

The Slave's Creed

I believe in god as a detergent that delivers me
clean to whoever wants to use me.
I believe in the most holy trinity (water, bleach, soap)
of immaculate inseparability.
I believe as much in hard work as in christ, in
rising at dawn as in the gospel.
I believe in the master and I pray in Spanish, knowing that
in any case Changó understands me.

M.K.H.

La niña de Guatemala

Las heridas supuran
las grietas se bifurcan
la piel adobe a veces
a veces la piel maíz

Y el bariqueque la hendidura
rayito de luz
el roce de rótulas y muslos
el sudor llanto también
el rocío rojo de los cardenales
la cipota manos entrepiernas
pide perdón y jura
no volver a ser mujer
para no sentir el desgozne en la cerviz
para no rastrear el legrado en la vida.

Es tarde
y el odio le hinca un codo en el abdómen
y le palpitan las corazonadas desde niña:
caballitos del diablo
y un hilo hasta el meñique
mientras otras manos *vení que te enseño*
a volar como vuelan las libélulas
y de pronto un hueso
aquí, aquí,
te voy a regalar una luciérnaga
y el hilo negro de seda
para que vuele también la luminaria.

Mirá qué ajada te quedó la enagua,
cipota de almizcle, vos.
Por qué venís tan sudada
y las palpitaciones
tal culpas que rebotan como cuentas
sobre la nota más grave de un marimbo.
Qué bixita más enamorada,
qué ixoca más lépera, vos.
Quién te manda a la casa del comendador.

Young Child from Guatemala

The wounds still bleed
crevices fork their paths
the flesh adobe at times
at times the flesh the corn.

And hardened clay and straw give in
the beam of light
the touch of knees and thighs
the weeping sweat as well
the violet dew of blemishes
the child, the hands between her legs,
asks forgiveness and swears
never to be womanly again
avoid the tearing apart of the cervix
the scraping of her life.

It is late at night.
Hatred plunges an elbow into her abdomen
and her early premonition of rapid heart throbs:
dragonflies
tied to a thread to her little finger
while other hands—*come near me*
I'll teach you how to fly these demon-horses—
and all of a sudden   a bone
—*there there I'll give you a firefly*—
and thus the black silk thread
to guide the flight of luminaries.

—*Look child how you've wrinkled your dress*
you child of almizcle, you
how come you look so sweaty—
and the heart beating fast
guilt drops like beads
bouncing on the gravest note of a marimba
—*What a feeble-minded little girl*
what a little brat and lying you
who said you could trust the house of the Comendador.

Para pedir perdón
a rodillas hasta Esquipulas,
cipota de ojos enterrados:
Cristo Negro, vos.
Cristo Negro, vos.
Perdonáme, señor,
de mi chocita en Ocotepeque
te vengo a pedir perdón.

Las heridas se bifurcan,
las grietas también supuran,
a veces adobe el maíz,
a veces la piel, la piel.

To ask forgiveness
on her knees all the way to Esquipulas
child of interred eyes:
"Hear me black Christ
hear me black Christ
from the village in Ocotepeque
I've come to confess my sin . . ."

The wounds fork their paths
still   the crevices bleed
the corn adobe at times
at times the flesh   the flesh

Sur

Vengo de donde no hay voz que,
oculta,
no gima sismo,
donde los labios tiemblan sin poder pronunciar sus terremotos,
sus tormentas de ira rezagada.

Vengo del collar de islas,
aureolas pétreas,
aristas en mansedumbre,
sin delirio de cisnes flotando;
musgosidades que en la noche
se esconden en sus caracoles de silencio,
para ayunarse, con un sueño, del olvido.

Vengo del golfo, del sur, del surrealismo:
del pueblo que se tiende como pez golpeado
sobre un mar pálido y enfermo
que lame las playas con su flema.

Vengo del sur, del pobre sur,
de la estela que deja la yerma geografía,
de la huella que deja el viajero perdido:
de una playa negra, el naufragio;
de una playa grande, el amor que se anega;
de una playa blanca, la voz sumergida.

Y porque vengo del sur,
del viejo sur,
sin otra razón más que ésa,
es que mis palabras solas se laceran
como la ola que se revuelca en la piedra.

Sur del Sur,
ser del sur,
fin del sur,
de abismo de mar y de plancton viscoso,
donde los hombres también se revuelcan,
crustáceos alumbrados por la baja marea:

South

I come from a place
where voices
hidden
always bemoan a sismus
where the word trembles
unable to pronounce the cataclysm.

I come from the chain of islands
tame-hearted islets
—bereft of the delirium of floating swans—
bodies of mold that creep back into soundless shells
fasting darkness—by dreaming—with oblivion.

I come from the gulf   the south   surreal
the place that settles like a dying porpoise
in a grayish ailing sea
besmearing its phlegm onto the shore.

I come from South   poor South
from the stelae left by the sterile season
from the tracks left by the amnesiac traveler
black shore   the wreckage
end shore   love drowning
white shore   the voice submerged.

And because I come from South
old South
—with no other reason but South—
my words inflict pain upon themselves
like the waves that embrace the cutting rocks.

Southernmost
silent
endless South
of ocean depths and plankton mire
where humans also perish
like crustaceans born at low tide:

tiemblan también ante otra nada,
la que se despliega,
como sanguijuela,
por los intestinos.

Se pueden morir en los muelles recordando,
maldiciendo,
rompiendo olas de soledad y de indigencia,
y a nadie importa:
doman el día con suspiros
y alucinan la trinidad del pito de un barco.

Nadie los llama.

They tremble as well before their own despair
the one that slides
leech-like bleeding
on the cold surface of intestines.

They could easily die harboring the past
cursing God
breaking waves of thirst and hunger
and no one cares:
they tame the mornings clear with sighs
and dream of trinity chimes of ghostly ships.

No one calls on them.

El niño

Es la sonrisa de un niño,
la sonrisa que lleva para adornar su cajita
con las esquinas de sus finos labios,
con la mariposa que vuela eternamente de su boca,
con la burla que le puede hacer un infante a la vida.

Es la piel a medias,
y los huesitos que no tendrán que regresar mucho,
son sus ojos simplemente alegres, cerrados,
sus inquietas manitas hoy postradas,
su cuerpo diminuto para no abarcar mucho campo,
para no hacer penar a mucha gente:

Murió súbitamente
para morir poco.
Murió tierno
para desintegrarse suave.
Murió pequeñito
para que le doliera poco,
para no hacer mucha falta,
para que su madre
con un abrazo lo cargara,
y con sus propios brazos,
lo posara
en su nueva cuna:

Cunita blanca
y subterránea.

The Child

It's the smile of a child,
the smile it takes to adorn its little box
with the fine wings of the lips,
the airy butterfly it sighs eternally towards heaven,
mockingly, as only an infant could do to life.

It's the half-naked skin,
and the little bones that won't have to do much going back,
the pallid eyes simply shut
the small fidgety hand, now still,
the small body as to occupy less space,
as to make fewer people cry.

Dying suddenly
to die less.
Dying tender
to dissolve well.
Dying tiny
to feel less pain,
to not be missed at all,

and to be carried by mother
with her own embrace
and with the same embrace
to be tucked in and warmed
in his newest cradle

little white cradle
subterranean

Miedos

"Cuando me voy a la cama,
me aterra la cachondez cósmica,
no cabe duda que
los condones volcánicos se aferraban a lo sólido
cuando eramos niños solamente, a lo Rimbaud.
Somos nenes terribles,
conejos urbanos que comen fajitas asquerosas:
ya me cansé de las alcantarillas
y del aceite de tamarindo, señor alcalde—"
esto dijo el personaje al gigante egoísta.

Dígame usted que es poeta, continuó,
cómo se comen las orejas de azúcar,
como puede comprar uno el café en la esquina
y al mismo tiempo cantar las églogas geórgicas.

Usted tiene estudios en Belgrado, ¿no es así?
yo sé que es difícil ser el chango universal,
pero aquí todos somos muy abiertos.

Pero el alcalde egoísta no hizo caso,
siguió amasando tortillas de harina
y cantaba la canción más famosa de Poulenc.

Fears

"When I go to bed,
the cosmic heat terrifies me
without a doubt
volcanic condoms clung to what was solid
when we were only children, a lo Rimbaud.
We are terrible children,
urban rabbits feeding on filthy *fajitas*:
I'm so weary of sewers
and of tamarind oil, mr. mayor—"
so said the personage to the gigantic egoist.

You who are a poet, tell me, he continued,
how does one eat ears of sugar,
how can one buy coffee on the corner
while singing Georgian eclogues.

You are studying in Belgrade, right?
I know it is difficult being a universal monkey,
but here we're all very open.

But the selfish mayor paid no attention,
and continued kneading flour tortillas,
as he was singing Poulenc's most famous song.

M.K.H.

Máxima Oriental

Calderos fonográficos,
tercos marahás obsoletos
de leyes flanosas inciertas.
Oye, Shao-Lin, dice Confucio,
cuántos lunares radiofónicos
en las estaciones, ¿no?
Caen los panfletos presidenciales
en forma casi asfixiante,
las nubes aristofánicas
no saben ni hacer sopa de letras,
¡ahimé, ahimé!
¡Cuántas rebajas navideñas!
Los dinosaurios bailan mambo
al ritmo de las habaneras
al sólo darles un shot de tequila.
Oh, las zonas rosas jamonas,
oh los parques sexuales,
quisiera ser un faquir hippiento
para comerme mis palabras, Shao-Lin.
Pero mira el periódico,
ya subió la leche otra vez.

Rodolfo Limonini

Eastern Maxim

Phonographic kettles,
stubborn obsolete maharajahs
of uncertain meandering laws.
Listen, Shao-Lin, says Confucius,
how many radiophonic beauty marks
on the airwaves, no?
Presidential pamphlets fall
in a nearly asphyxiating way,
the Aristophanic clouds
can't even make alphabet soup,
man oh man
How many Christmas sales!
Dinosaurs dance the mambo
in Havana rhythms
after a single shot of tequila.
Oh, the flabby pink zones,
oh the sexual parks,
I want to be a hippie fakir
to eat my own words, Shao-Lin.
But look at the newspaper,
the price of milk has gone up again.

M.K.H.

Así Es

Huasilanga cuelga huanga la piel morada
¡Auy! ayuda con el cuarto oscuro, ayuda con la máscara.

Llueve.

Así es

Tras la huanguería de mis pechitos blandos
pienso me acuerdo y canto

Allá las hijas . . .

Así es

Volver a la pudenda de la cascada, al fértil rojo lodazal
y aunque los senitos pesan un tantito más
el sexito es sacrificado a sentimientos de un más allá

la salesita puesta en práctica ha de ser ley de acatar
aun de vez en vez preocupada por lo breve de nuestra existencia
le grite cositas a una máscara, y me tranquilice recogiendo arena.

Así es

So It Is

Limp, gelatinous, hangs the purple skin
Ah! help with the dark room, help with the mask.

It rains

So it is

Behind my slight breast
I think, remember, and sing

Ah! the daughters . . .

So it is

Return to the pudenda of the cascade, to fertile muddy red
though the subtle breasts are a bit heavier
the small sex is sacrificed to sentiments of a beyond

fine salt put to the test, the law to revere
even if from time to time anguished over our brief existence
I may scream little nothings at a mask,
and calm myself picking up sand.

So it is

Dueña de nada

Esencia exprime la brisa del mar
Exprime malanga, flor de jamaica, crisantemos blancos.

Suspira la brisa sobre el Puente de Alvarado, sobre el río Grijalva,
más allá de Chontalpa, Las Choapas, y Teapa.
Le atuza la brisa las plumas al loro Lorenzo que come naranja
a orilla del camino, a orilla de Oniaga—
mientras aletean en el aire varias mariposas blancas.

Acarrea la brisa susurro de harpa
rumor de guitarra.

Más allá de Agua Dulce,
más allá del Juramento,
se cuela la brisa a la "Casa del Niño"
inspira a Salesia, arroba a la Carmen,
quedito musita "soy dueña de nada".

Rumbo a Villahermosa, Tabasco

Olivia Maciel

Mistress of Nothing

Essence presses the breeze from the sea
Presses malanga, hibiscus flower, white crysanthemums.

The breeze sighs over the bridge of Alvarado, over the river Grijalva,
beyond Chontalpa, Las Choapas, and Teapa.
The breeze smooths the feathers of Lorenzo the parrot
who eats oranges
beside the road, on the outskirts of Oniaga—
as white butterflies shimmer in the air.

The breeze carries whisper of harp
rumor of guitar.

Beyond Agua Dulce,
beyond Juramento,
the breeze seeps into the "House for the Child,"
inspires Salecia, enthralls dour Carmen,
quietly murmurs "I am mistress of nothing."

On the way to Villahermosa, Tabasco

O.M. and M.K.H.

Silencios

Me vuelvo silencios
tú también

entro a uno, luego a otro, y a otro más;
uno es verde, otro gardenia, otro anafre,
otro tus venas, otro palmeras,
otro un lienzo de nubes, otro . . . mágico azul

Una habitación, y otra, y otra
. . . al silencio de las palmeras adormecidas

Agua a semen a guayaba

entro y tú también.

Rumbo a Tlacotalpan, Veracruz

Olivia Maciel

Silences

I become silences
so do you

I enter one, then one more,
one is green, another gardenia, another brazier
another your veins, another palm trees,
another a fine linen of clouds, another . . . magic blue

A room, and another,
. . . to the silence of sleepy palms

Water to semen to guava

I enter and so do you.

On the way to Tlacotalpan, Veracruz

Cabezas de pescado

Un crucifijo luminoso (cinco
luces intermitentes) sobre una trampa para langostas,
un rosario de semillas de papaya,
un reloj como el sagrado corazón
que se estremece a cada hora;
el corazón habla: *Tengo sed,*
Todo está acabado, etc.

El hijo del pescador, un monaguillo,
duerme acurrucado en su canoa
de bruma, que se mece como un incensario
o boya en forma de campana. Niño del mar,
río, laguna—querubín antillano,
que babea agua de rosas en su almohada
y ordena al delfín y a la barracuda
que hagan arabescos de corona, cruz, y pica;
vuelan a ras del agua botes con velas
de piel azotada. Vuela de isla en isla
dentro de la bolsa de un pelícano,
le pone guirnaldas de lirios
a los faros, mástiles, y campanarios.

En su choza de madera de tamarindo,
capilla sobre pilotes, el humo de velas
vivifica a cabezas de pescado (clavadas en la pared)
para que sangren, tiemblen, y se muevan
hacia el este cuando el gallo cante;
entonces una procesión de hormigas
se entregará a las llamas. De nubes de ceniza
cae lejía. Noche de cuaresma:
los helechos resucitarán para ser otra vez verdes
y lujuriantes. Ayer el mar estuvo avinagrado,
menos salado de lo que habitualmente
está para bautismos. Las olas sueltan rosarios
enredados con algas y los chicos aldeanos
las desenredan para llorar la muerte de otro monaguillo.
Olorosas como plátano maduro, tres mulatas—

Fish Heads

A glowing crucifix (five
flashing lights) atop the lobster trap,
a rosary of papaya seeds,
a clock like a flaming heart
that shudders every hour;
the heart speaks: *I thirst,*
It is finished, etc.

The fisher's son, an acolyte,
sleeps cuddled up in his canoe
of mist, rocking like censer
or bell buoy. Child of the sea,
river, lagoon—Antillean *querubín,*
who drools rose water on the pillow,
commands dolphin and barracuda
to weave arabesques of crown, cross, and pike,
boats skimming with sails of flogged skin.
Inside a pelican's pouch he flies from island
to island, wreathing with rain-lilies
lighthouses, masts, and campanili.

In their shack of tamarind wood,
a chapel on stilts, the smoke of candles
vivifies fish heads (nailed to the wall)
to bleed, quiver, turn east at cock-crowing;
a procession of ants will then surrender
to the flames. Lye falls
from clouds of ash. Lenten night:
the resurrection ferns will again be lush

and green. Yesterday the sea was vinegary,
less brackish than customary for baptism.
Waves release rosaries gnarled
with bladder wrack that village youths
unravel to mourn another acolyte.
Fragrant as sweet plantain, three *mulatas*—

remendadoras de redes—cantan un himno
fúnebre en Yoruba, hacen pantomimas
imitando al pez martillo cuando se lanza
y se revuelve, señalando el martirio del niño.

Yemayá, Señora del Mar, engendrada
sin pecado, luz del agua más oscura,
¡salva al hijo del pescador; envuélvelo con tripas
de pescado; guárdalo debajo de tus alas de raya!
Esa aureola, que ciega, brillará por siempre
encima de tu corona, quijada de tiburón.

fishnet menders—sing a dirge in Yoruba,
pantomime the hammerhead's thrust
and thrash to sign the boy's martyrdom.

Yemaya, Lady of the Sea, spawned
without sin, light from darkest water,
spare the fisher's son, swaddle him with fish
guts, brood him under your manta wings.
That blinding aureole will forever
burn above your shark's-jaw crown.

La hija de un cantero

(INSPIRADO EN *ORILLAS DEL MAR EN PALAVAS* DE COURBET)

Un podio rocoso. Una postura amanerada.
Y silencio. ¿Se habrán fugado las gaviotas a Africa?
Esta vista marina, desolada, es un marco apropiado
para la soledad. Pero no estamos aquí
para deleitarnos con tus defectos.
Pareces triunfante, como si te felicitaras a ti mismo.
¿Quizás una nueva conquista? La llamaré Juliette.

Dándole vueltas a la memoria como a un calidoscopio,
te acuerdas de Roxana (su aliento como el anís),
la que quemaba flores cuando hacía el amor.
Ella era de humor cambiante y desconfiada,
pintora diletante de naturalezas muertas,
pero tú leíste sus gestos como anagramas.
E Isora, que hablaba al dormir, era torpe
y tímida, sin embargo, maravillosa en la cama.

Gozas con tu pasado; el ruido
de las olas te suena como un aplauso.
Estás envejeciendo, tienes ataques
de impotencia que *demoiselles* pálidas
consuelan con besitos y eufemismo.

Pero Juliette, hija de un cantero
de los Pirineos, muy joven,
rolliza tipo Rubens, está algo desmarañada
y cubierta de hollín por cargar carbón
(estalla sus dedos cuando bosteza). Los domingos
tú le desenredas su trenza de rizos castaños
y domas la melena con un cepillo de caballo,
recitándole en barítono versos de Ovidio
escolares. "Soy *ese* ruiseñor", dice ella.
"El que tiene la lengua sangrienta".

The Stonebreaker's Daughter

(AFTER COURBET'S *Seashore at Palavas*)

A rocky podium. A mannered pose.
And silence. Have the gulls fled to Africa?
This stark seascape is a fitting backdrop
for loneliness. But we're not here
to wallow in your inadequacies.
You seem triumphant, self-congratulatory.
A new conquest, perhaps? I'll call her Juliette.

Turning memory like a kaleidoscope,
you remember Roxana (her breath like anisette)
who burned flowers while making love.
She was moody and suspicious,
a dabbler in still lifes, but you read
her gestures like anagrams.
And Isora, who talked in her sleep,
gawky and diffident, nonetheless marvelous in bed.

You revel in the past,
the surf hints at applause.
You're growing old, with bouts
of impotence wan *demoiselles*
console with pecks and euphemism.

But Juliette, the stonebreaker's
daughter from the Pyrenees,
is very young, Rubenesque, a bit rumpled
and sooty for scuttling coal, who cracks
her knuckles when she yawns. Sundays
you unravel her braid of chestnut
curls, tame the shocks with a horse brush,
reciting a schoolboy's Ovid in baritone.
"I am *that* nightingale," she says. "The one
with the bloody tongue."

Ando en la arena, tierra
de sepulturero, le rezo
a un crucifijo de madera flotante
como cuando coges y besas
las manos húmedas de Juliette
durante un paseo de verano por el Siena.
Estoy asustado del agua, del silencio de una mujer.
Las gaviotas han volado a África.

I wade in the sand, grave-
digger's earth, pray
to the driftwood crucifix
as you would hold, kiss
Juliette's dewy hands
on a summer's sally to the Seine.
Afraid of water, woman's silence.
The gulls have flown to Africa.

junio

me da por sospechar
en la tos del domingo
que hay un otro de mí
como de ave y escupo
como un ángel de sal
que se le escurre a la luna
y se me ocurre entre líneas
que me parpadean los versos
como cuatro ojos en pugna:
dos entornados de patios de infancia
de pianos y abuelas
y dos inclinados
a un huerto innombrable
de cristos borrachos
y vírgenes acuchilladas

june

I tend to suspect
—in a Sunday's cough—
that there exists another me
like a bird and spit
like an angel of salt
that slips from the moon
and I believe between lines
that my verses blink
like four eyes in conflict:
two of them gaze toward yards of childhood
toward pianos and grandmothers
and two of them gaze
toward an orchard I can't name
of drunk christs
and of stabbed virgins

El camino de los muertos
(VARIACIÓN 1)

Contemplando la artesanía del mortero, un habilidoso silencio se sostiene a través de los milenios, diligentemente cada piedra guarda su secreto, bajo el clima de los dioses apagados. Sólo el viento y los ruidos distantes de los turistas pueden oírse, su castañeteo de cigarras interrumpido por los clicks de las cámaras y por sus carcajadas. Recorrí el Camino de los Muertos, a lo largo de una vereda de grava alineada por mudas piedras que parecían tragarse la luz de otoño en un hambre desquiciado de soledad, un repetitivo eco de laberinto de memoria. Me puse alerta para percibir los chillidos de un halcón, de una golondrina, el salto de piedra-serpiente en piedra-serpiente de un gato salvaje, sus garras acolchonadas traicionaron mis oídos. Traté de escuchar cualquier cosa que me dejara saber en dónde me encontraba. Y por un momento me sentí lejos, en otra circunstancia, con el tamborileo rápido de mi corazón, el sonido de mi respiración mezclándose con miles de otras respiraciones, una orquesta de pesadez, alzándose en el quieto aire, perfume de incienso entrando por mi ensanchada nariz. No hablé. Ningún intento valía el esfuerzo. Sólo caminé, la Luna y el Sol justo adelante, pacientes esperando mi amor carmesí.

8 abril 1993 - 22 octubre 1995

G.D.

The Road of the Dead
(VARIATION 1)

Gazing at the craftsmanship of mortar, skillfully silence is held through millenniums, each stone keeps its secret, diligently beneath the climate of dull gods. Only wind and distant sounds of tourists can be heard, their locust chatter punctuated by camera clicks and laughter. I walked the Road of the Dead, made my way on a gravel path lined by mute stones that seemed to swallow autumn's light in a mad hunger of loneliness, an echoing labyrinth of memory. I listened for sounds of a hawk, a swallow, a wild cat's leap from serpent stone to serpent stone its paded paws betrayed my ears. I listened for anything that would let me know just where I was. And for a moment I felt far away, in another circumstance, with the rapped beating of my heart, the sound of my breath mingling with a thousand other breaths, an orchestra of doom, rising into still air, perfume of incense entering my flared nostrils. I didn't speak. No attempt was worth the effort. I just walked, the Moon and Sun just ahead, patient for my crimson love.

8 April 1993 - 22 October 1995

El camino de los muertos
(Variación 2)

Un grito hace eco a través de los torturados árboles, sobre las cordilleras de las montañas y en las barrancas de los ríos secos. Abraza las paredes de piedra de los templos que hace siglos no se usan, se cae ante los ojos asustados de las escondidas lagartijas de sombra. Las piedras-serpientes igual titubean ante el sonido, a pesar de que sus fríos ojos tallados han visto centurias chillar más allá del valle, este llanto es diferente. Dos escolares vestidas con sus uniformes verde y blanco se persiguen entre sí en un desenfreno de la niñez. Dando vueltas y más vueltas se ríen con los brazos a los costados y sobre la cintura, giran y giran, su risa se acelera desde la cúspide de este punto, el propósito original del templo hace tiempo que ya se olvidó.

21 febrero 1993 - 22 octubre 1993

G.D.

The Road of the Dead
(VARIATION 2)

A scream echoes through tortured trees, over mountain ranges and into the gullies of dry rivers. It hugs the masonry of long unused temples, falls before the startled eyes of shadow hidden lizards. And the stone serpents too are staggered by the sound, though their cold carved eyes have seen centuries shrilled beyond the valley, this cry is different. Two school girls dressed in their green and white uniforms chase each other in a wildness of childhood. Around and around they laugh with arms arrested and akimbo, around and around their laughter hastens from the vertex of this point, the temple's novel purpose long forgotten.

21 February 1993 - 22 October 1993

El camino de los muertos
(Variación 3)

Nuestra posición era tal que podíamos trazar el curso de una tormenta. Encima de un valle teñido aquí y allá por un pueblito. Sobre colinas que parecen preñadas con montañas que surgen. Apuntamos en la dirección de esas oscuras nubes, una diáfana pantalla gris de lluvia cayó opacándonos la vista. "Realmente se puede ver lejos desde donde está usted, ¿no lo cree?" Preguntó mi guía. "En verdad sacaban corazones—¿justo en donde estamos parados?" Fue mi respuesta. "Los centinelas, a partir de aquí podían vigilar si venían enemigos." Contestó. "Cuántos corazones eliminaban por día?" Quise saber. "Este es el sitio más alto en el valle y está hecho por el hombre." Replicó. "Es fuerte, esa tormenta está hermosa con el sol brillando a su alrededor." Respondí. "En esa ciudad, de donde es usted, Chicago, existen lugares así, como éste allá?" Preguntó. "Sí, el edificio más alto del mundo ahí se encuentra. En un día claro se puede ver muy lejos desde esa altura." Le dije. Se rió y preguntó. "Y, ¿sacan corazones?" Me reí. "Sí, creo que sí." Nos quedamos viendo la tormenta trazar el valle como si fuera un batallón en marcha. Mi guía siguió sonriéndose. "¿A qué dios le ofrecen los corazones en Chicago?"

31 octubre 1995

G. D.

The Road of the Dead
(VARIATION 3)

Our perch was such that we could plot a rainstorm's course. Over a valley scabbed here and there by a village. Over hills that seemed pregnant with emerging mountains. We pointed in the direction of those dark clouds, a gauzy grey screen of rain fell obscuring our view. "You can really see far from up here can't you?" My guide asked. "So they really yanked out hearts—right here where we're standing?" Was my response. "Sentries could watch out for approaching enemies from up here." He said. "How many hearts would they cut out in a day?" I asked. "This is the highest point in the valley, and it's man made." He said. "It is high, that rainstorm is beautiful with the sunshine surrounding it." Was my response. "That place you're from, Chicago, are there places like this there?" He asked. "Yes, the world's tallest building is there. On a clear day you can see pretty far from up there." I told him. He laughed and asked, "Do they yank out hearts there?" I laughed. "Yes, I think they do." We kept watching the rainstorm plot the valley as if it were a battalion on the march. My guide asked still smiling, "What god do they cut out hearts for in Chicago?"

31 October 1995

Historia de amor

Y no podía decirle que no se preocupara tanto,

que todo lo que pasaba
me pasaba a mí
y él estaba más lejos que una estrella, y que yo iba a saber
hablar y callar
hasta la perfección, e irme luego a tiempo,
a tiempo.

Todo lo que no se dice in las historias de amor
es lo que las hace más imperdonables,
pero el deseo
es como la inspiración de la brújula,
es como la noche del insomnio.

Riéndose un poco de mí, para hacerse el hombre.
Yo le tenía lástima, y lo amaba, que es casi
lo mismo,
sola solísima pensando en un coñac y en abrazarlo fuerte.

Las mentiras nos llevaron un ratito y varias copas
y algunas citas de Ovidio que hubieran regocijado a Ovidio.
Después
no nos dijimos adiós.

Lo que no se dice
en las historias de amor las hace, finalmente,
necesarias.

Love Story

And I couldn't tell him not to worry so much,

that everything happening
was happening to me
and he was further than a star, and that I would know
exactly when to speak and when to keep silent,
and to leave when it was time,
when it was time.

What goes unsaid in love stories
is what makes them less forgiveable,
but desire
is like the inspiration of the compass,
is like the night of insomnia.

Laughing at me a little, to be manly.
I pitied him, and loved him, which is almost
the same,
all alone, thinking of a cognac and of hugging him hard.

Lies carried us along for a while and a few drinks
and some quotes from Ovid that Ovid would have enjoyed.
Afterward
we didn't say goodbye.

What goes unsaid
in love stories is what makes them, in the end,
necessary.

M.K.H.

El grito

Tantos años con el deseo de dar un grito,
un gran grito hermoso, sin más significado que ser un gran grito.
Uno lleva un grito. A veces sueña que lo grita,
y se despierta temblando. La calle a la hora de la siesta tenía olor a pan,
yo no gritaba nunca.
La biblioteca donde Borges había sido bibliotecario tenía un gran silencio
   cóncavo,
yo no gritaba nunca.
Viví por años con el miedo de mi grito y por fin un día lo grité,
y lo oí. Un gran grito, redondo y afilado a la vez,
partió el mundo como una pedrada en un cristal
y lo dejó todo roto. Fue en una esquina embebida de lluvia
reciente, llena de voces, alegre, propicia.
El mundo roto, la cara, la mano,
la corbata hecha pedazos.

Los novios se besaban en lo oscuro del parque,
yo no gritaba nunca.
Las arañas tejían telas entre los libros de la biblioteca,
yo no gritaba nunca, nunca.

The Scream

So many years with the urge to scream,
a big lovely scream, meaningless except as a big scream.
One carries a scream. At times one dreams that one screams it,
and one awakens trembling. The sleepy afternoon street smelled
   of bread,
I never screamed.
The library where Borges had been librarian had a great concave silence,
I never screamed.
I lived for years in fear of my scream and at last one day I screamed it,
and heard it. A big scream, round and sharp at the same time,
divided the world as a rock shatters crystal
and left it in smithereens. It was on a rain-soaked corner,
full of happy, lucky voices.
The broken world, the face, the hand,
the tie ripped to shreds.

Lovers kissed in the darkness of the park,
I never screamed.
Spiders wove webs among the books of the library,
I never, ever screamed.

M.K.H.

La deuda

Hay una deuda triste, que no se puede pagar
en esta vida de deudas. El avión
llega a destino en la mañana súbita
de las azafatas, sonrisas pintadas
que nos obligan a tomar el desayuno.

Los que nos hemos ido
llevamos encima olor a plástico, que combina bien con el café recalentado
y esa pesadumbre
de las malas noches, cuando a uno le duele el cuello de haber
maldormido y queda en suspenso
un sueño que, como todo en los aviones, como todo en la vida
del que se ha ido, huele a plástico y a moqueta sucia
y a aire comprimido. Hay una deuda
que nadie nos va a pagar nunca. Por supuesto los que
nos hemos ido no podemos volver,
porque no se vuelve a ninguna parte, como saben hasta las azafatas,
y porque el discurso sucede en el tiempo y el tiempo
no tiene recomienzos, sino malas repeticiones.
La calle con árboles que yo quiero ver
está ahí siempre la misma pero la contingencia del lenguaje
me la hace inalcanzable. Ni se nos ocurre
a los que nos sentimos medio estafados reclamar nada,
quiénes somos nosotros sino nosotros precisamente los que
elegimos ser, esta mañana súbita con Albéniz de fondo. Hay deudas
que no son de amor, y que no se pagan ni con amor. Al menos lo sabemos,

y ahora sólo queda devolver las bandejas y prepararse para el
aterrizaje, sin olvidar por favor,
dicen en dos lenguas,
sus efectos personales en el avión.

Graciela Reyes

The Debt

There is a sad debt that cannot be repaid
in this life of debts. The plane
arrives at its destination in the sudden morning
of the flight attendants, painted smiles
that make us eat breakfast.

Those who have left
carry with us the smell of plastic, which goes well with reheated coffee
and that affliction
of bad nights, when one's neck aches
from sleeping poorly and a dream hangs suspended
that, like everything on planes, like everything in the life
of one who has left, smells of plastic and dirty carpet
and compressed air. There is a debt
no one will ever repay us. Of course we
who have left cannot return,
because one never returns anywhere, as even the flight attendants know,
and because discourse takes place in time and time
never has fresh starts, only bad repetitions.
The tree-lined street that I want to see
is always there just the same but the contingency of language
puts it beyond my reach. It doesn't even occur to those of us
who feel rather cheated to demand anything,
who are we but precisely those whom
we choose to be, this sudden morning with Albeniz in the background.
There are debts that are not love, and are not paid
with love. At least we know it,

and now all that's left is to return our trays and to prepare for
landing, without forgetting please,
they say in two languages,
any personal items on the plane.

M.K.H.

Paseo

Hoy me voy al zoológico
de viernes con un mono
viejo, narizón y flaco.

Mientras el simio visita el baño
yo me entretengo con los animales
y con las personas.

Pero me falta el tiempo
porque el mono se escurre
y me lleva corriendo, prisionero,
como si huyéramos
de las personas y de los animales,
¡del zoológico mismo!,
hacia la calle.

Jorge J. Rodríguez-Florido

On a Walk

Today I go to the zoo
on Friday with an old,
long-nosed, and skinny monkey.

While the simian visits the bathroom
I entertain myself with the animals
and the people.

But I run out of time
because the monkey escapes
and carries me off, a prisoner,
as if we were fleeing
from the people and the animals,
from the zoo itself!
toward the street.

M.K.H.

Tormenta

Yo debo confrontar un gran problema
de amigos que confían en mi ayuda,
sabiendo que el espacio no se muda
y el tiempo pasa, como el fuego quema.

Yo pensé contener a ese volcán.
Pero mi ingenuidad me traicionaba.
Y frente al plácido volcán se dibujaba
un viento, una tormenta, un huracán.

Yo quise comprender. Y cuando supe
que el huracán no admitía vacaciones
me metí entre los dos. Pero no cupe.
Un corazón no puede corazones.

Y al pensar y estudiar lo que me dicen
mi ojo falaz que mira todavía
no alcanzó vislumbrar. Lo ofrecería
con tal que estos conflictos finalicen.

Storm

I should face up to the problem
of friends who count on my help
knowing that space does not move
and time passes, as fire burns.

I thought I could contain that volcano.
But my ingenuity betrayed me.
And before the placid volcano appeared
a wind, a storm, a hurricane.

I wanted to understand. And when I knew
the hurricane would not allow vacations
I stood between the two. But didn't fit.
One heart cannot . . .

And after thinking and studying what they tell me
my deceitful eye that still sees
could not glimpse anything. I would give it up
to bring an end to these conflicts.

M.K.H.

Mercados, callejones y los perros del infierno

A mi hermano, a quien llamábamos Rano,
nunca le gustaba jugar conmigo.
Pero si tenía que hacerlo, principalmente debido
a la mano castigadora de mi madre,
siempre encontraba la manera de aterrorizarme
con pequeños tormentos. Una vez Mamá
le pidió a mi hermano que fuera a la tienda
y recogiera unos cuantos artículos.
"Y lleva a tu hermano contigo", ella le gritó.
"¡Hombre, no! ¿Tiene que venir?"
"¿Cómo que no? Es tu hermano".
Como si esto lo motivara a decir,
"Por supuesto, por eso debería tratarlo
con gran cariño y preocupación".
¡Sí, claro! ¿Pero Rano? Ni lo pienses.
Lo que aprendí de mi hermano
era que cualquier cosa que hacía o sugería
no tenía nada de inocente o fiar.
En cuestión: después de que compráramos unos cuantos artículos
y lográramos salir de la tienda,
me enseñó el caramelo que había robado
del mostrador.
Aún así yo siempre me volvía loco por la mínima pizca
de amabilidad que me mostraba.
Cuando se ofrecía para meterme en
el carrito y empujar
—yo tenía cuatro años en comparación con los siete de él—
yo me subía. Así que ahí vamos
rumbo a las orillas deformadas de una alcantarilla,
a través del follaje seco, y luego cuesta arriba por una calle
sin acera. Comenzaba a ser divertido.
Rano maniobró el carrito alrededor de las botellas rotas
y sumideros mientras yo observaba las vistas,
disfrutándolas por una vez ya que la mayoría de las veces
que ponía el pie en este terreno,
me perseguían los niños mayores.
Rano se metió en un callejón sucio,

Luis J. Rodríguez

Markets, Alleys & the Hounds of Hell

My brother, whom we called Rano,
never like playing with me.
But if he had to, mostly because
of the striking hand of my mother,
he'd find a way to terrorize me
with small tortures. One time Mama
asked my brother to go to the market
and pick up a few items.
"And take your brother with you," she yelled.
"Oh, man, do I have to?"
"*¿Cómo que no?* He's your brother."
As if this would move him to say,
"Of course, this is why I should treat him
with great care and concern."
Yeah, right! Not Rano.
What I learned about my brother
was that nothing he did or suggested
had anything innocent or safe about it.
Case in point: after we bought a few items
and managed to make it out of the store,
he showed me the candy he had absconded
from the checkstand.
Still I always fell for whatever scraps
of kindness he'd throw my way;
when he offered to put me inside
the market cart and push
—I was four years old to his seven—
I jumped on this. So off we go,
down the scrawled banks of a sewer wash,
through dry foliage, and then up a sidewalkless
street. It started to become fun.
Rano maneuvered the cart around broken bottles
and sinkholes while I took in the sights,
enjoying them for once since most of the time
I ever stepped into this terrain,
I'd get chased by older boys.
Rano turned into a dirt alley,

y anduvimos, felices de la vida,
examinando más de un patio desolado,
más de un cobertizo deplorable y de un garaje patético.
Luego, en un torbellino de furia,
tres monstruosos, imponentes, mamutes
(los adjetivos no me salen)
perros daneses se lanzaron hacia nosotros desde el lado
de una casa cubierta con tablillas,
apresurándose como corceles,
¡hacia la cerca trasera!
Rano paró en seco su recorrido;
yo casi me caí por la parte delantera del carrito.
Uno pensaría que le daría la vuelta a la cosa
y me escabulliría a un lugar a salvo.
¡Pero dije que conocía a mi hermano!
Efectivamente, como si por impulso, mientras los colmillos
de los perros resquebrajaban partes de la cerca,
Rano metió el carrito y su valiosa
carga, incluyendo los comestibles (ni estos
garatizaban la protección de Rano)
hacia la boca del lobo con hocicos marrones.
Grité con toda mi alma.
Mis brazos en incontrolable frenesí.
El pánico apoderándose de mí desde las vendas de mis espinillas
hasta los piojos de mi cabeza.
Afortunadamente, los perros se quedaron
al otro lado de la cerca,
ladrándome escupitajos y dientes a la cara.
Me giré para ver a Rano a varias yardas
en el callejón
muerto de risa.

M.R.S.

and we kept going, merrily along,
looking into many a forlorn backyard,
many a sad shed and pathetic garage.
Then, in a whirlwind of fury,
three monstrous, massive, mammoth
(adjectives escape me)
Great Danes came at us from the side
of a wood-shingled house,
rushing like steeds,
toward the back fence!
Rano stopped dead in his tracks;
I almost fell over the front end of the cart.
You'd think he'd turn the contraption around
and scurry me to safety.
But did I say I knew my brother!
Sure enough, as if by impulse, as the dogs'
fangs tore at sections of the fence,
Rano shoved the market cart and its precious
cargo, including the groceries (not even these
warranted much favor with Rano)
toward the death jaws in brown jowls.
I screamed through my eye sockets.
My arms in an uncontrollable frenzy above me.
Panic gripping me from the bandages on my shins
to the lice on my head.
Fortunately, the dogs stayed behind
their side of the fence,
barking spittle and teeth into my face.
I spun around to see Rano
several yards
into the alley
inflamed with laughter.

Eva sentada en la banqueta con pluma y papel antes de que los torturadores vinieran para llevársela

(CONVERSACIÓN CON P. Z.)

La llamada de teléfono ocurrió una noche de lucha
a brazo partido con mi computadora, retorciendo
alguna hirviente palabra-arte. Era de un hombre que
alegaba ser el "Rey de la Poesía".
Sus primeras palabras fueron: "¿Eres belleza que
desea ser verdad?— Y pensé, seguro, ¿por qué no?
Otros han dicho peor.
"Soy rey porque entiendo
la armonía eterna junto con la belleza infinita",
continuó. ¿Y quién era yo para contradecirlo?
"La verdad no puede ir contra la mentira; la mentira
va contra la verdad." Hasta el momento estaba yo con él
Entonces habló de Eva, una poeta
perfecta, declaró, "un angel nacido para la poesía",
y de cómo era ella "extásis encarnado,
luz de lo absoluto". Siguió
con sus recuerdos, fragmentos,
y epifanías, incluyendo uno acerca
de una niña mexicana de siete años
que había avistado desde un escape de incendio en Pilsen:
"La matarán antes de que llegue a los diecisiete",
clamó. Y yo estuve de acuerdo: esto también es verdad.
Habló acerca de escribir un libro para el
niño universal, de cómo él había eclipsado
su orígen italiano para ser humano,
y de cómo esa juventud en la cárcel "ama que la muerte
esté con los muertos que no los pueden lastimar".
Dio la apariencia de haber superado aún esto,
las reales, las frías, las brutales
lenguas lamiéndonos a dormir. Aquí se encontraba un Dante
para nuestra época cuya mítica Eva
despierta a la poesía de su acolchonada inercia.
Aquí se encontraba un Buddha de concreto, retándome
aún a mí a beber del cáliz de mis propios dones.

Eva sitting on the curb with pen and paper before the torturers came to get her

(A CONVERSATION WITH P. Z.)

The phone call came on a night of a bruising
battle with my computer, writhing out some
scalding word-art. It was from a man who
claimed to be the "King of Poetry."
His first words were: "Are you beauty who
wants to be true?"—and I thought, sure, why not?
People have said worse.
"I am king because I understand
eternal harmony with infinite beauty,"
he continued. And who was I to argue?
"Truth cannot be against the lie; the lie
is against the truth." I was with him so far.
Then he spoke about Eva, a perfect
poet, he claimed, "an angel born for it,"
and how she was "incarnate ecstasy,
light of the absolute." He kept on
with reminiscences, fragments,
and epiphanies, including one about
a seven-year-old Mexican girl
he spotted from a fire escape in Pilsen:
"They will kill her before she is 17,"
he declared. And I agreed: this too is true.
He talked about writing a book for the
universal child, how he had eclipsed
his Italian background to be human,
and how those youth in jail "love death to be
with the dead ones who can't hurt them."
He appeared to surpass even this,
the real, the cold, the brutal
tongues licking us to sleep. Here was a Dante
for our times, whose mythical Eva
rouses poetry from its quilted slumber.
Here was a concrete Buddha, challenging
even me to drink from the chalice of my own gifts.

"Estás arrodillado—¡levántate!" gritó
antes de colgar, sus palabras como alas a cruzar
los maltratados cielos de todos los analfabetismos.

O.M.

"You are on your knees—stand up!" he yelled
before hanging up, his words like wings to cross
the battered skies of all illiteracies.

Luis J. Rodríguez

Victory, Victoria, mi hermoso suspiro

PARA ANDREA VICTORIA

Eres la hija sueño de la belleza
Eres la mujer que dio luz a mi faz
Eres la nube que se arrastra a través de las sombras,
anegando las penas en el terreno marino del corazón.
Victory, Victoria, mi hermoso suspiro:
cómo de bebita te reías dentro de mi cuello
cuando yo lloraba tu partida
después que tu madre y yo rompimos;
cómo a la edad de tres me despertaste de lo estúpido
para que dejara de orinar en la caja de tus juguetes
en un estupor de resentimiento y cerveza;
y cómo después, a la edad de cinco, cuando me mudé
con otra mujer que tenía una hija de tu edad,
preguntaste: "¿Cómo es que *ella* consigue vivir con Papá?"

Muñeca, estas palabras no alcanzan a atravesar
el pedregoso camino de nuestra distancia; no pueden retraer
las espinas de las rosas caídas que saludan tus amaneceres.
Estas palabras provienen de lugares muy salvajes para el galopar
de los corazones, muy crueles para los océanos de ilusiones,
muy muertos para tu eterno recoger flores. Pero aquí están, ofrendas
fatigadas de tu padre designado, tu ungido hombre-guía;
haz de ellas el lecho de tu corazón.

O.M.

Victory, Victoria, My Beautiful Whisper

FOR ANDREA VICTORIA

You are the daughter who is sleep's beauty.
You are the woman who birthed my face.
You are a cloud creeping across the shadows,
drenching sorrows into heart-sea's terrain.
Victory, Victoria, my beautiful whisper:
how as a baby you laughed into my neck
when I cried at your leaving
after your mother and I broke up;
how at age three you woke me up from stupid
so I would stop peeing into your toy box
in a stupor of resentment and beer;
and how later, at age five, when I moved in
with another woman who had a daughter about your age,
you asked: "How come *she* gets to live with Daddy?"

Muñeca, these words cannot traverse the stone
path of our distance; they cannot take back the thorns
of falling roses that greet your awakenings.
These words are from places too wild for hearts to gallop,
too cruel for oceans of illusions, too dead for your eternal
gathering of flowers. But here they are, weary offerings
from your appointed father, your anointed man-guide;
make of them your heart's bed.

El Leteo

Me construí una casa muy alta, muy alta
a orillas del Leteo.
El río se desliza para atrás, hacia Tierra Firme.
Deslizarse en sentido contrario
es la manera más dura del exilio,
una manera como cualquier otra de buscar la vida
para conquistar, sin convicción, la tierra mentidamente firme.
Yo quisiera volver pero he olvidado el camino.
Qué hacer si las barcazas pasan siempre a contrapelo,
cómo bajar de esta casa tan alta a la que sólo toca el viento
y a quién pedir ayuda en esta ausencia circunvalada por el río del olvido

The Lethe

I built myself a tall, tall house
on the banks of the Lethe.
The river flows backward, toward Terra Firma.
To flow in the wrong direction
is the worst form of exile,
like any other way of making a living
to conquer, without conviction, the deceptively firm earth.
I want to return but have forgotten the road.
What to do if the barges always go against the current,
how to get down from this tall house touched only by the wind
and who to ask for help in this absence surrounded by the river
    of forgetting

M.K.H.

Las vírgenes locas

Las vírgenes locas aúllan afuera
no de dolor sino de odio
hacia todo y hacia todas:
hacia el mezquino todo del que querían ser parte, aunque esposo
                                        sensato y sádico
y hacia las sensatas todas que lo arrebataron con engaño.

Entonces cantan:
         Nosotras queremos bailar afuera,
         el afuera es nuestro,
         el aire es dulce,
         la tierra es suave.
         Pero queremos destrozar a dentelladas a los que nos hicieron
                  históricamente locas,
         a los pervertidores del sentido,
         a los que dictaron las leyes y nos convirtieron en las otras
         en las otras, en las locas, a nosotras.

The Crazy Virgins

The crazy virgins howl outside
not with pain but with hatred
for all and for everyone:
for the measly everything they wanted to be part of, despite
                                  the sensible and sadistic husband
and for the clever ones who snatched him away with their tricks.

Then they sing:
        We want to dance outdoors,
        the outdoors is ours,
        the air is sweet,
        the earth is soft.
        But we want to tear into shreds those who made us
                historically crazy,
        those perverters of feeling,
        those who dictated the laws and turned us into the others,
        the others, the crazy ones, us.

                                        M.K.H.

Nastaggio degli onesti menos cruel, quizás

Sólo entonces
vendrás
entera y mía
con los cabellos rotos por tanta ansiedad y tanto miedo.
Desde la noche, igual que el reclinado octubre
vendrás entre las hierbas
con la piel trajinada de otras pieles
y tus ojos cansados volverán a florecer
libres del animal inmemorial que nos acosa
puntual y no cíclico el encuentro definitivo.

Nastaggio degli onesti less cruel, perhaps

Only then
will you come
entire and mine
with your hair made ragged by such anxiety and fear.
Out of the night, like the reclining October,
you will come through the grasses,
your skin worn out by other skins
and your tired eyes will blossom again
free of the ancient animal that pursues us
punctual and not cyclical the definitive encounter.

M.K.H.

El cielo chiquito

Pequeña redondez una nube con cabeza
de bebé gordo. Parpadeo la luz de afuera
me estorba
estornudo, me sueno el último alcohol
de anoche.

A partir de hoy me concentraré en el cielo
ese azul inmenso plegado de formas
que se esfuma con los vientos sólo para
volver aparecer

Afuera el cielo se estremece y enseguida,
una nube en forma de mujer a caballo
los estribos oscilando suavemente en el
aire

—es más grande de lo que me imaginaba
decía una mujer austriaca en un bar.
Me acerqué para oírla mejor
pero se alejó
dejándome sola pensando sobre
su comentario . . .

Dicen que en Europa no existe el cielo
que el cielo
es muy chiquito
Topa
con las cabezas de los hombres
a lo mejor son unos cabezones por allá
sí, por allá . . . pero aquí
bajo mi ventana
los únicos cabezones son los que usan
sombreros.

Un dedo gordo, un gato dormido
una sirena fumando. El bebé gordo se convierte
en un rayo penetrando todo ese azul
centro de universo, tres esquinas, bajo mi ventana.

The Small Sky

Small roundness the cloud with the head
of an obese baby. I squint the light out
it bothers me
I clean last night's last
drop of alcohol.

Starting today I will stare at the sky
blue plated that forms
with the wind
perpetually.

Up there the sky suddenly cringes,
the mounting cloud woman
the stirrups mildly swaying in the
air

—it's bigger than I thought
said the Austrian woman at a bar.
I moved closer to hear her voice better
but she went away
leaving me alone and pensive
with her observation . . .

It is believed that Europe has no sky
so dense,
it sinks
with the heads of men
they must be fatheads
there . . . but here
through my window
the only fatheads are the men in
their hats.

A big toe, a cat asleep
a smoking mermaid. The fat baby turns into
lightning penetrates the blue
center of the universe, three corners, outside my window.

Para Tony

De noche llegas
siempre quieto
con ojos negros
dulces líquidos
que se encajan en el delirio.

Vienes, reposas
después de navegar las
nubes
en tiempos de guerra.

Platicamos entre los escombros
de ciudades abandonadas
por la ferocidad de los hombres,
buscando la paz.

En tu perfil el tiempo
corre
llevándote por los resquicios
de la memoria.

Trazo líneas en el aire,
te hago señas
pero no me ves.

Te veo al paso de los años
con un sombrero,
una sonrisa,
en tus manos la soga de un columpio casero.

Ahoga tu imagen aún fuerte en su fluir,
llevándote
en un campo lejano,
lejos . . .

For Tony

Where do you come from
always calm
and dark eyes
liquid sweet
encased in delirium.

You arrive and rest
after navigating clouds
in times of war.

We talk amidst the devastation
of abandoned cities
—the wrath of men—
searching for peace.

Time sets on your profile,
transient,
taking me through the crevices
of memory.

I draw lines in the sky,
I call you with signs,
but you don't see me.

In your hand the rope of a homemade swing,
I see you're wearing a hat,
a smile,
as years go by.

The image drowns still flowing strong,
taking you away.
I can see you on the distant plains,
far away . . .

Las últimas palabras de una carta
prometen tanto que hablar.

Inconsciente pequeño derrame de tinta,
sombra en los últimos días de tu existencia.
Entre los escombros me miras.
Mudo,
preparas té para mí;
mientras yo
cubro de tierra
tu ataúd.

The last words of a letter
promise so much to say.

Unconscious smear of ink,
a blot in the last days of your existence.
You look at me from the devastation.
Silently,
you offer me a cup of tea;
while I bury you
with my hands.

La mar en cortejo

De tu ventana, Adela, se ve la mar de luto. Las olas pequeñas llevan crestones negros. Vuelves tu mirada hacia dentro, tu habitación, sus sábanas tan blancas, la luz delirando por las cortinas, por el espejo del vestidor, en las palomas de la cama. Azul se alza el techo arrullado. Una estoica hora, el mediodía en punta. La mar en cortejo lleva luto por los vivos, aquellos que voraces beben aún la sal del día, la de antes de ser felices, la de antes de encontrarte y mirarte a los ojos. Tus ojos son tan grandes, tu sonrisa tan benéfica, tan preciosidad eterna. La mar está de luto y tú no quieres ni mirarla de pena.

The Sea in Mourning

There, outside your window, Adela, the mourning sea. The short waves carry black crests. You turn away and look inside; your room, its sheets so white, the light raving through the curtains, from the dressing room mirror, in the white caps of the bed. Blue rises up the hushed ceiling. A stoic hour, midday on the dot. The sea approaching as a court wears mourning for the living, those who greedily drink even the salt from the day, salt from before happiness, from before finding you and looking in your eyes. Your eyes are so big, your smile so beneficent, so preciously eternal. The sea is in mourning, and you can't watch it from sorrow.

J.F.

Venecianas

El sol persiste en dejarte aquí donde se te acabó la plata. El agua es una delgada tisana en la pared de la fuente. La luz por la persiana de madera te despierta de pronto. Duermes en el desierto. Una, dos pejadas en la frente y el sol sube sobre tu perfil y estás tan solo y tan cansado de no soñar en oro.

Venetians

The sun persists in leaving you here where
you stop the silver coins. The water is a thin
tea in the wall of the fountain. The light
through the blinds wakes you suddenly. You
are sleeping in the desert. One, two, steps up
your forehead the sun climbs over your
profile and you are so alone and so tired of
not dreaming in gold.

J.F.

Paraíso

Dios del día, tú que despiertas la luz, tú que vistes la tarde. Tu rostro bendito y manos, tu voz sinuosa, llena de primicias de otoño. Haz que venga la lluvia. De tu lengua el peso de un diamante, de tu mirada el hilo de la plata. Una astilla de luz perfila mi cabeza alzada. Haz desvelar ese manso golpe de la arcilla, esfera vertical donde crece un prado de violetas.

Paradise

God of day, you that wake the light, you
that saw the noon. Your blessed face and
hands, your sinuous voice filled with the
first fruits of autumn. From your tongue
the weight of diamonds, from your look
of silver thread. A splinter of light profiles
my brazen head. Keep that gentle blow
of clay awake, that vertical sphere where
a field of violets grows.

J.F.

About the contributors

Born and raised in Buenos Aires, **Beatriz Badikian** has been writing poetry in English and Spanish for many years. She teaches at Roosevelt University and is currently working on short fiction as well as on longer essays.

Ana Castillo is a well-known Mexican American essayist, novelist, and poet who resides in Chicago.

Carlos Cortez Koyokuikatl is a writer, poet, painter and printmaker whose visual and literary work has received national and international exposure.

Publisher and writer **Carlos Cumpián** is the author of *Coyote Sun*, *Latino Rainbow*, and *Armadillo Charm*.

Gloria Dávila is a writer who resides in Mexico.

Alejandro Escalona es editor de un semanario de noticias en Chicago. Ha publicado entrevistas y artículos en diversas publicaciones periodísticas de México y Estados Unidos. Cursa la maestría en Letras Hispanoamericanas en la Universidad de Loyola en Chicago.

Juana Goergen es profesora de Literatura Colonial y directora del Programa de Estudios Latinoamericanos de De Paul University.

Poet and editor **Mary Hawley** is the author of a book of poetry, *Double Tongues*, and serves on the editorial board of Tía Chucha Press.

Born in Puerto Rico, **David Hernández** is a writer, poet, teacher, and performer of music. He is the founder of Street Sounds.

Jorge Hernández, escritor mexicano, es cofundador de las revistas literarias *Abrapalabra* y *Fe de Erratas*.

León Leiva Gallardo, originario de Honduras, ha realizado estudios literarios en psicología, literatura inglesa, y literatura iberoamericana. Ha publicado en las revistas literarias *Abrapalabra, Luvina,* y *Esperante*.

Rodolpho Limonini is a poet and writer who resides in Chicago.

Olivia Maciel es poeta, y escritora. Originaria de México, recibió la Maestría en Letras Hispanoamericanas por la Universidad de Illinois Chicago. Es autora del poemario *Más Salado que Dulce*. Sus artículos y entrevistas se han publicado en Estados Unidos y México. Actualmente imparte clases de civilización y cultura latinoamericana en De Paul University.

Orlando Ricardo Menes is a Cuban American writer whose poems and translations have appeared in the *Indiana Review*, *The Antioch Review*, *Chelsea*, and *The Seneca Review*. He received a Ph.D. in Creative Writing from the University of Illinois.

Bernardo Navia Lucero was born in Chile. He is a member of the editorial board of the literary magazine *Abrapalabra*. He received his B.A. in Puerto Rico, and his M.A. from the University of Illinois, Chicago. He is currently completing work towards his Ph.D.

Mexican American writer **Raúl Niño** is the author of *Breathing Light*, a collection of poems. He resides in Chicago.

Graciela Reyes was born in Buenos Aires, Argentina. She is a poet, writer, grammarian, and prominent professor of linguistics in the Spanish Department at the University of Illinois, Chicago. She received her Ph.D. from the University of Madrid. She has recently published a manual of grammar in Spain, and is the author of two collections of poetry.

Manolo Rider Sánchez nació en Córdoba, España, y estudió Filología Inglesa en la Universidad de Sevilla. Actualmente reside en Chicago, donde ha realizado un master en Lingüística Española en la Universidad de Illinois en Chicago. Enseña español como lengua extranjera en UIC y en el Instituto Cervantes.

Jorge J. Rodriguez-Florido, born in Manzanillo, Cuba, holds an M.S. in Mathematics from the University of Illinois, Chicago, and a Ph.D. in Spanish Literature from the University of Wisconsin Madison. His poems have appeared in several publications. He teaches at Northeastern University.

Luis J. Rodriguez has three poetry collections, *Poems Across the Pavement, The Concrete River,* and *Trochemoche.* He has received fellowships and awards from the Lila Wallace-Reader's Digest Fund, the Lannan Foundation, the Illinois Arts Council, and the National Association of Poetry Therapy.

Originaria de Buenos Aires, **Leda Schiavo** recibió su doctorado en Letras Españolas por la Universidad de Madrid. Actualmente trabaja como profesora de Literatura Española en la Universidad de Illinois, Chicago. Poeta, catedrática, y ensayista académica prominente, ha publicado sus investigaciones sobre crítica literaria en diversas publicaciones de reconocimiento internacional.

Diana Solís was born in Monterrey, Mexico. She has published her work in *Solsticio* Literary Magazine and *Jackleg.* Her photography has been on exhibit at the Mexican Fine Arts Center Museum and the Aldo Castillo Gallery.

Eduardo Urios-Aparisi, poeta originario de Valencia, España, estudia el doctorado de Lingüística en el Departamento de Español de la Universidad de Illinois, Chicago. Dirige la revista de creación *Abrapalabra.* Es doctor de Filología Clásica por la Universidad de Glasgow y ha publicado artículos en este campo. Su poesía ha sido publicada en diversas revistas de Estados Unidos y España.